なりたい自分になる!

「ヒーリングデザイン」で、夢をかなえて幸せに生きる

相邑美佐江《あいむみさえ》
街づくりプロデューサー・建築家

まえがき

あなたは今、自分らしく生きていますか？
毎日を、本当に楽しく過ごしていますか？

人それぞれ考え方や価値観が違えば、生き方や過ごし方は異なります。ところが今の時代は、様々な情報が溢《あふ》れ、何が正しくて何が間違いなのかわかりません。だからこそ、自分が安心できる心の声こそが一番正しく、本当の答えなのだと私は思います。

けれど実際には、自分の心の声を聞かずに、人の意見や情報などに振り回されて、自分が本当に求めているものや、やりたいことがわからなくなって不安な気持ちでいる人たちが大勢います。

私は、そのような人たちに向けて、私自身の体験から生まれた「ヒーリングデザイン」という一つの生き方の知恵を、お伝えしていきたいと思います。

「ヒーリングデザイン」とは、自分自身の本質を知り、自分らしく、楽しく、安心に包まれながら、幸せになるための方法です。

また、自分の本質を知ることで、なりたい自分になることができます。

私はこの方法で、夢をかなえることができました。

それは、今の私が、自分らしい自由な発想で仕事をしていること、仕事で得た収入でやりたいことができていること、毎日を安心できる環境で楽しく生きているということです。

「ヒーリングデザイン」で自分らしい人生を描く

思い返せば、私は子どもの頃から、いつも豊かで、そして自由でいたいと思っていました。

どうしたら豊かさや自由を手に入れられるのかと、自分の心に問いかけては答えを確かめ、その都度、自分が求める現実を創ろうと努力してきました。

今思えば、これこそが私の「夢」だったのかもしれません。

最初の頃は、物質の豊かさが心を満たしてくれると考えたこともありました。

けれど、年齢とともに欲しいものが変化していく中で、昔からずっと変わらないものがあることに気がついたのです。

それは、本当の自分を正直に生きることで心が満たされるということ。そして、本当の自分を活《い》かしたいという強い意志でした。

そして私は、自分自身に、常にこんな問いかけをしてきました。

「自分は何者で、この人生でいったい何をしたいのだろう？」

「どうしたら、自分らしい生き方ができるのだろう？」

その問いに対して、自分をごまかさず、本当の気持ちと向き合いながら生きてきたのです。

すると、私自身がずっと心に描き続けた、これまでに蓄積した思いを仕事で実現できるようになりました。

長いキャリアの中で、やっぱり自分らしく正直に生きることが人との出会いにつながり、それがいい結果を生んで、人生を楽しく心豊かにするということが改めてよくわかりました。

そして、私自身が描いていた豊かさや自由を手に入れるまでのこと、それを可能にしてくれた「ヒーリングデザイン」という考え方を、多くの方たちにお伝えすることで、「自分らしい人生を描く」ためのお手伝いができればと考えたのです。

自分自身を知ることができる「ヒーリングデザイン」

この本では、「ヒーリングデザイン」がどのようなものか、どのようにして生まれたのか、実際の実践法などについて詳しくお伝えしていきますが、まずは簡単に自己紹介をさせていただきたいと思います。

私は今、建築デザインや建物周辺などのプロデュースを中心とした建築の仕事をしています。

人と自然が調和しながら、心地いい環境で安心して暮らすために、建物の建築だけにとどまらず、美しい街並みや自然景観の保護、街全体の活性化を含め、人々が幸せに暮らす環境を実現する総合的なものです。

以前は、建築物の設計やデザインなどの建物単体の仕事が多く、肩書きは「建築家」といえるものでしたが、近年は総合的な仕事の内容に合わせて「街づくりプロデューサー」としています。

また、個人的にビジネスや起業に関するご相談をいただくことも多く、社名を始め、商品のロゴ制作のご提案など、実践的かつ具体的なアドバイスを心がけた「コンサルタント」の仕事もしています。

そのような中で、私はいつも、人々が安心できる「居場所」、そして居心地が良くて幸せと心の豊かさを感じられる環境である「癒《いや》しの空間（ヒーリングスペース）」を実現しようと意識してきました。

一人ひとりにとって安心できる空間を提供することが、私のやるべきことだという思いが、常に心の真ん中にあるからです。それは「ヒーリングデザイン」を実践していく中で、はっきりわかってきたことでした。

「ヒーリングデザイン」で自分自身がわかってくると、自分に合った癒しの空間と出会うことができます。また実際に、自分に合う空間（居場所）は、「ヒーリングデザイン」で見つけることもできるのです。

30年前に始まった「ヒーリングデザイン」

今から30年ほど前、仕事のしすぎで体調を崩したことがきっかけで、私は人生をもっと自由に、豊かに生きるための方法を模索するようになりました。

やがて「ヒーリングデザイン」という考え方にたどり着いて、自分が望んでいた生き方ができるようになったとき、一人でも多くの方たちに、このメソッド（方法）を使って幸せになってほしいと思いました。

そんな私の思いに呼応するように、「教えてほしい」という声が、周りの友人知人から上がってきたのです。求められるままに伝え始めると、友人からそのまた友人へと「ヒーリングデザイン」の評判が口コミで広がりました。

本来の建築の仕事と並行して、「ヒーリングデザイン」のスクールや講演会などを開き、学びたいという方々に伝えていったのです。

スタートから最初の数年間に、1万人近い方が「ヒーリングデザイン」に関心を持ち、スクールの講座やワークショップを受講してくださいました。

また2003年に、書籍『相《あい》邑《む》美《み》佐《さ》江《え》のヒーリングデザイン　衣食住をデザインする』(文芸社)を出版し、直接お会いすることのない方々にも広く知っていただくことができました。

ただ、ここ10年ほどは、建築関係の仕事と企業経営のアドバイザーの仕事が中心となり、スクールやワークショップなどで「ヒーリングデザイン」のことを直接お伝えする活動はお休みしていました。

けれど、社会の変化で自分を見失い、どのように生きていけばいいのかわからない方たちが急増する今、時が経《た》っても変わらないこの考え方を、改めてお伝えしたいと思ったのです。

「ヒーリングデザイン」を以前から実践してくださっている方には、これから先もずっと続けていただきたいですし、この本で初めて知った方には、これを機に生活に取り入れてくださることを心から願っています。

もくじ

第3章　私が「ヒーリングデザイン」に出会うまで

パート2

仕事での様々な体験を乗り越えて

第4章 「ヒーリングデザイン」の完成

第5章 「ヒーリングデザイン」で働き方の夢がかなう

第6章 「ヒーリングデザイン」で思い通りの人生を

第１章
「ヒーリングデザイン」について

「ヒーリングデザイン」は、ありのままの自分を生きる知恵

「ヒーリングデザイン」という言葉を初めて目にされた方は、何か特別なことをしなければならないと思われるかもしれません。

けれど実際は、呼吸（腹式呼吸）で心と身体を整え、安心した状態でノートなどの紙に自分の本当の気持ちを書（描）いて、行動するという簡単なものです。

そもそも「ヒーリング」という言葉は、ヒーリングアート、ヒーリングミュージックなど、今ではいろいろなところで目にするものですが、私が「ヒーリングデザイン」を始めた30年ほど前は、目新しいイメージのものでした。

「ヒーリング（healing）」とは、「癒し」「治癒」、または「癒すための手法」のこと。ストレスなどで乱れた心身のバランスを整え、不調を改善するための方法の総称として使われる言葉です。私自身は「ヒーリング」という言葉を、「自分自身の本質を引き出すこと」という意味で捉えています。

「ヨガ」や「気功」など、目に見えないエネルギーを使った施術も、今では「ヒーリング」として一般的に認知されています。

ヒーリングの方法も様々あり、アロマキャンドルやお香を焚《た》くこと、音楽を聴くこと、アートを飾ること、あるいは趣味に没頭することや自然の中を散歩すること、旅なども含まれるといわれています。

生きる上で「癒し」がとても大切なことは、多くの方も気づいていることでしょう。肉体のどこにも緊張がなく、精神的にも十分にリラックスしているときに、私たちは本来の能力を発揮することができます。

また、人には本来、自分に合った「空間」があります。

例えば家や会社、レストランやカフェ、室内に限らず公園などの室外にも様々な「空間」(場所)がありますが、自分の「本質」に従えば、自分に合った「安心できる場所」とのマッチングが自然にできるようになります。

また、その空間にいることで本来のパワーが引き出され、自分が本当に求めているものに出会えるようにもなるのです。

もともと持っている本当の気持ちや考えを引き出し、さらに自分自身で人生を「デザイン」していくという意味で「ヒーリングデザイン」というネーミングが生まれたのです。

「ヒーリングデザイン」は、衣食住を考えること

私が「ヒーリングデザイン」という考え方に行きついたきっかけが、働きすぎて生活が乱れ、身体を壊したことだということはすでにお伝えしました。

実はそれ以前から、疲れているのに眠れないとか、朝、ベッドからすぐに起き上がれないなどのような、体調の優れない状態がたびたびあったのです。

自分では明らかに違和感があるのに、病院に行っても検査では悪いところが見つからず、異常はないという診断で、かえって不安になるばかりでした。

そんなときに、瞑想《めいそう》法の講座を見つけ、そこで腹式呼吸について知ることになりました。

その後、様々な呼吸法を勉強して自分でいろいろ試し、さらにたくさんの人たちにも試してもらい、今の腹式呼吸にたどり着いたのです。

身体の不調がすべて改善したわけではありませんが、腹式呼吸をすることで気持ちがとても穏やかになりました。もちろん、人によって別の呼吸法が合う人もいます。

「ヒーリングデザイン」は、この「腹式呼吸」と、自分の気持ちを紙などに「書く（描く）こと」、そして実際に「行動すること」の３つのことがベースになっています。

また、安心して過ごすためには、無理をせず、自分に合った生活を送ることが大切です。私自身、身体を壊したことでそのことを痛感しましたが、「ヒーリングデザイン」で日々の生活を整えることもできるのです。

私自身、まずは健康が大事だと思っていますので、食事や睡眠、運動（散歩など）のこと、住居やファッションなどの衣食住に関して、自分が本当に求めているものは何か、何をしたら安心できて気持ちよく過ごせるのかを、常に自分自身に問いかけるようにしています。

日々の様々なことに気を配り、自分が本当はどうしたいのかを知ることで、感覚（五感など）や感性が磨かれ、自分の好きなものや本当にしたいことがわかってきます。

そして、私の人生で欠かせない仕事のこと、お金のこと、人間関係のことなども、世の中の常識とは関係なく、自分に合うもの、自分が求めているものを自分自身に確かめながら、真の答えを積み重ねているのです。

それが自分自身を知ることにつながって、今では自分の答えをほぼ的確に出せるようになりました。

「ヒーリングデザイン」で、人生を自分らしく生きる

私がこの本でお伝えしたいのは「ヒーリングデザイン」という自分らしく安心して生きるための一つの考え方です。

それは自分の「本質」を導き出し、自分の人生を本質に沿った形でデザインしていく方法なのです。

ところで、あなた自身は、どんなときに幸せや喜びを感じますか？

・おいしいものを食べてお腹も気分も満たされたとき
・美しい夕陽を眺めてホッとするとき
・気の合う友人とおしゃべりをして気分が軽くなるとき
・映画や音楽などで感動したとき
・家族と食卓を囲んで心が和むとき

……などなど。

日常生活を送っていると、小さな幸せを感じたり、大きな感動に涙したりと、あらゆる感情を味わうものです。

ところが、日常が同じことの繰り返しで、何もかも当たり前のように思ってしまうと、私たちはいつの間にか、本当に自分が求めているものがわからなくなってしまい、心のときめきや幸せを感じられなくなってしまいます。

例えば、毎日食べているランチは本当に食べたいものなのか、今、着ている服は自分が本当に着たい服なのか……。

人の意見や習慣に流されて、本当にやりたいことがわからなくなってはいないでしょうか。

美しく晴れた青空が広がっていても、黒いサングラスをかけたら暗く見えるように、自分自身が持つ心のフィルターが曇っていたら、目にする日常の印象や受け止め方が、まったく違ってくるわけです。

自分が本当に求めているもの、目の前にある楽しみや喜びの種を見落とすことがないよう、すでに必要なものが周りにあることにも目を向けましょう。

また、日々の生活の中で辛《つら》いことやうまくいかないことがあったとき、何かの選択を迫られたときなどにも、自分自身が本当はどうしたいのかを考えることが大事です。

日頃から、自分が本当に好きなものや本当にしたいことは何か、そして、どんなときに幸せな気持ちになれるのかということを考えながら行動する。このような小さな選択の積み重ねが、あなたが本当に望む方向へと、あなた自身を連れて行ってくれるのです。

「ヒーリングデザイン」に必要な3つのこと

それでは「ヒーリングデザイン」の具体的な実践方法についてお話ししていきましょう。

繰り返しになりますが、「ヒーリングデザイン」を実践していく上で、欠かせないことが次の3つです。

1　腹式呼吸
2　書く（絵などで描く）こと
3　行動すること

まず腹式呼吸で呼吸を整え、心を落ち着かせること。

その上で自分の考え（本当にやりたいことや自分の本当の気持ちなど）を整理するために、紙などに自分の気持ちを自由に書（描）きます。

そして、最終的に出た答えに従って行動しましょう。

１の「腹式呼吸」と２の「書く（描く）こと」の２つを組み合わせることで、落ち着いて自分自身に向き合うことができます。

そして「腹式呼吸」と「書く（描く）こと」は、１人になれる静かな場所で行うと、より効果的です。

自宅でも自宅以外の場所でも、落ち着けるのであればどこでもいいのです。公園のベンチなどでも構いません。

また、次の章でお伝えする自分だけの「居場所」があれば（作ることができたなら）、そこで行うことをお勧めします。

あとは、それを実行する（行動する）ことで「ヒーリングデザイン」が完成します。

1　呼吸を整えることで、心が落ち着く「腹式呼吸」

まずは「腹式呼吸」についてご紹介します。

「呼吸を整えて、自分の心を落ち着かせること」

それが腹式呼吸のポイントです。

私たちの肉体の機能は、例えば心臓の動きにしても、血液の流れにしても、食べ物の消化吸収にしても、意識的にコントロールすることはできません。けれど、そのような身体の機能の中で、呼吸は自分の意識で調整することができるものです。

ゆっくりと深呼吸をして、たっぷり酸素を体内に取り入れると、血行が良くなり、内臓や筋肉、脳の働きが活性化し、新陳代謝が良くなります。

私はこれまで、何人かの専門家の人たちから呼吸法を学び、自分なりに探求してきました。目的別に様々な呼吸法があるのですが、私が長年実践してきた腹式呼吸は、シンプルなのにリラックス効果が高く、続けると体内の自然治癒力が引き出されるといわれているものです。

この腹式呼吸を行うと、呼吸が整ってくるので元気が出ますし、やりたいことをやってみようという力も湧いてきます。

また、胸だけでなく気持ちも開いていくので、自分の心の声を聞きやすくなります。鼻から吸って口から吐くという簡単なやり方で誰でも実践できますし、短時間で全身が緩みます。

それでは、具体的な実践法をお伝えしましょう。

「腹式呼吸」の実践法

呼吸を整えて、心を落ち着かせるために

自分の体調に合わせて、この腹式呼吸を数分間行うだけで、雑念が消えて心が穏やかになり、自分のスピリット（精神）とつながりやすい状態になります。慣れてきたら、自分の気持ちを確認したいときに行うと、すぐにリラックスすることができます。

やり方

1　1人になれる場所で、椅子や畳などに座って静かに目を閉じます。座りやすければ、あぐらをかいても構いません。室内でも屋外でも、1人で過ごせる公園のベンチなど、周囲が気にならない場所ならどこでも。

2　ゆっくりと鼻から空気を吸います。
このとき、入ってきた空気でお腹が膨らみます。

3　口から「ハーッ」というようにして、ゆっくり息を吐き出します。このとき、口から空気が出て、お腹がへこみます。周囲に誰もいなければ声を出しても構いません。吸うときよりも長めの時間で吐くようにします。

4　自分のペースでお腹を意識しながら「吸う→吐く」を5分間繰り返します。最初はうまくいかなくても、何度か繰り返すと、深い呼吸がしやすくなります。リラックスした心地よい感覚を味わいましょう。

注意すること

・1日1回でも、時間も2～3分でも、できる範囲で行いましょう。毎日できなくても、たとえ休んでも良いので、自分のペースで実践しましょう。

・慣れてきたら、眠る前の10分間、3日～1週間ほど続けてみてください。心身が楽になったことに気づくでしょう。

・さらに実践できそうな方は、眠る前と目覚めた直後、10分間、毎日続けてみましょう。1ヵ月もすると、身体の軽さを感じて疲れにくくなるなど、体調に違いが出てくるので、ますますやる気になってきます。

・腹式呼吸を続けると、身体の疲れが取れるだけでなく、筋肉の緊張や肩のコリもほぐすことができます。さらに肉体的な不調だけでなく、ストレスなどによる精神的な不調を和らげることにもつながります。

・個人的な見解ですが、長年、腹式呼吸をしてきたことで、体力がついて身体能力が高まりました。また、自分自身の気持ちに集中することで瞬時の判断ができるなど、直観力が磨かれ、潜在していた能力も引き出されてきたように思います。

・呼吸法は人によって効果が違うものですし、この方法が合わない人もいます。少しでも自分に合わないと思ったときには無理をせず、すぐに中止しましょう。そして、自分が安心できる方法を見つけてください。

2 「書く（描く）こと」で、自分の中から答えを引き出す

「腹式呼吸」で心と身体を整えた後に、自分の気持ちを自由に「書く（描く）こと」が「ヒーリングデザイン」の次のステップになります。

私は小学校1年生の頃から、毎日、日記をつけていました。

それは、その日の出来事や感想を書くのではなく、自分のことを一番よくわかってくれる友人に向けて手紙を書くようなものでした。

その友人の名前は、ラブ（LOVE）という意味の「愛ちゃん」です。

「愛ちゃん、こんにちは」と呼びかけ、その日あった出来事について、思ったこと、感じたことなど、正直な気持ちをノートに綴《つづ》っていました。誰にも言えないことを、愛ちゃんにだけは伝えることができたのです。

「愛ちゃん」は、私の心の中にいた本当の自分だったのでしょう。

日記には、あらゆることを書き綴ってきましたが、高校生のときのある出来事が、今でも心に残っています。

一部の生徒がクラス全員を巻き込んで、担任を批判し、替えさせてしまった

ことがありました。

リーダー格の生徒が「あの先生のことが嫌い。辞めさせよう」と声を上げたのを発端に、ほぼ全員がそれに賛同する形で、担任が別の先生に替わってしまったのです。

私は元の担任に対してなんの不満もなく、批判して辞めさせることに賛成ではなかったのですが、みんなに同調してしまいました。

その日、帰宅した私は、誰にも言えなかった思いを、愛ちゃんにだけは正直に打ち明けました。

「本当は、担任には替わってほしくなかった。でも周りの反応が怖くて、みんなに合わせてしまった。私はうそつきだ！」

自分の本心にそむいてしまったことを後悔し、正直に行動できなかった自分が嫌いになりました。多感な時期だったこともあり、自分が自分を裏切ったショックがしばらく尾を引きました。

この出来事があって、私は自分に正直に生きていきたいと強く思いました。

なりたい自分を生きよう、自分が本当にやりたいことを実現する人生を送りたいと、自分の意思に気づくきっかけになりました。

こうして私は、愛ちゃんと対話する形で、本当の自分はどう思っているのかを確かめるようにしてきました。

本当の気持ちを見つめ、正直にノートに書くことで、自分の心の声、つまり私自身の良心を大切にしてきたわけです。

常に自分自身と対話して行動することが、大人になっても習慣となっていた私は、どんなときも自分を見失わず、人の意見に流されず、自分らしくいることを意識して生きてきました。

大事な選択をするときはいつも、愛ちゃんとの対話によって答えを得て、自分が本当にやりたいことを実現する人生を歩んでこられたのです。

何か困ったことがあったときや行動を起こしたいとき、自分の気持ちを確かめたいと思ったときには、腹式呼吸で十分にリラックスした上で、

「本当はどうしたいのかな？」

「何を望んでいるのかな？」

「今、自分は何をしたいのかな？」

などと、自分に問いかけてみます。

自分自身に質問を投げかけて、心に浮かぶことをノートに書きとめます。一つ言葉が浮かぶと、連想していくつか言葉が出てくるかもしれませんが、それも書いていきます。

もちろん、絵などで気持ちを描くのもいいでしょう。

そして、書いて安心した言葉があれば、それは本当の自分の答えです。

私たちは自分にうそをつくと不安な気持ちになり、心は不安定になるものなのです。安心するか不安になるかが、真の答えの見分け方です。

イメージするのが得意な人は、例えば映画館の大きなスクリーンを思い浮かべ、そこに自分の姿が映し出されているところを想像し、自分に向かって「本当はどうしたいの?」と聞いてみるといいでしょう。

スクリーンの自分が、どんな言葉で答えるか、集中してください。いろいろな場面で、自分に問いかけて、心の声を聞くことを繰り返し続けてください。

慣れてくると、瞬時に答えが浮かぶようになります。

「ヒーリングデザイン」で、思い通りの人生が現実化する

また、書くことの重要性は、いろいろなところで語られていると思います。書くという作業は、考えを整理し、自分自身を客観視することができます。

一例として、アメリカのメジャーリーグで大活躍されている大谷翔平選手が、高校生のときに、将来の目標を具体的に立てた「目標達成シート（マンダラチャート）」をご紹介しましょう。

これは９×９の縦横合わせて81マスの細分化されたマス目の中に、自分が成し遂げたいことを、具体的な言葉で記していくものです。

目標達成シートの詳しいことはここでは省きますが、書いて気持ちを整理することによって、自分のやるべき行動と目標が明確になり、俯瞰《ふかん》して物事を見る力が養われるものといわれています（目標達成シートについて詳しいことを知りたい方は、インターネットで検索すると見つかりますので、興味のある方は調べてみてください）。

ここでお伝えしたいポイントとなるのが、「書くという行為」です。

多くの人は、日々の暮らしの中で本当はこうしたい、こうなりたいと思いながら日常を送っているものですが、その場でメモを取って、意識的に覚えようとしなければ忘れてしまいます。

思い浮かべただけでは、なかなか行動につながりません。書くという行為が、そのことを意識して実行できるようにしてくれるのです。そして自分で書くということは触覚、視覚などの知覚を使い、感覚を養うことになります。

また絵の得意な方であれば、絵を描くことでも良いのです。

私の感覚では、手を動かして書く（描く）ことで、意識の深いところにつながりやすくなり、またイメージしやすくなります。

どうしても私たちは「何が正しいか？」ということに意識が向きがちですが、自分にとっての真実の答えは人と同じとは限りません。万人に当てはまる正解があるわけではなくて、一人ひとりの真の答えは違っていいのです。

このように「書く（描く）」ことが習慣になると、自分自身のことがよくわかるようになります。そして、常に自分らしくいたいと思うと、人に合わせたりして、うそやごまかしで取り繕うのではなく、自分の気持ちを正直に伝えることが自然にできるようになるのです。

最初は小さなことでも書いて、実際に行動し、一つひとつ自己実現していくと、その都度、新しい目標が生まれてきます。

このように自分の心に常に聞きながら自分をデザインし、豊かで幸せな現実を創造していくことが「ヒーリングデザイン」の醍醐味《だいごみ》といえます。

安心する答えに従って行動すると、自分が満足できる現実につながっていきます。そして、それこそが「自分の本質を生きる」ということなのです。

「書く（描く）こと」の実践法

書いて（描いて）安心する答えが本当の気持ち

まず、紙（ノートなど）とペンを用意しましょう。

どんなものでも構いませんが、使いやすいものがいいでしょう。

書く（描く）前に30ページで紹介した腹式呼吸を実践して、心が静かになった状態で、自分の心に向かって質問をします。

ふと湧き上がる言葉や絵などを、自由にノートに書（描）いていきます。文字でも絵でも、自分で表現しやすい方法で構いません。

やり方

1　腹式呼吸の後の、十分リラックスした状態で、自分自身に向かって質問します。

2　質問の内容をノートに書き（描き）ます。

3　目を閉じて、答えが来るのを待ちます。
その間、腹式呼吸を繰り返しながら待つと良いでしょう。

4　湧いてきた言葉やビジョンを、すべてノートに書いて（描いて）いきます。
出てきた言葉や絵に対する心の反応を確かめてみます。
安心したら、それは自分にとって、真の答えということになります。

5　4の答えに従って、今できることがあれば実際に行動します。

注意すること

・どんなノートやペンでも構いませんが、自分が気に入ったものの方が気分も上がり、楽しみながら書く（描く）ことができます。
文字だけでなく絵などで描くと、さらにイメージが広がります。うまく描けなくてもいいので挑戦してみましょう。

・出てきた答えを確認する際は、（周辺に人がいなければ）声に出して読んでも構いません。安心するか、不安になるか、その都度確かめてみましょう。

3　安心感から生まれた答えに従って「行動する」

そして、行動しましょう。

もちろん最初は、行動するところまでいかなくても構いません。自分がそうしたいと思ったところで、具体的に実行していくことが大切です。

また、書いた内容を、信頼できる親しい人などに話すことで、それが徐々に大きな動きにつながっていくことがあります。

例えば、「今、何がしたい？」と自分に尋ねたら、「誰かと話したい」と心に浮かび、そこでホッとしたなら、それが今のあなたの心の声です。

次に、話したいと思う相手が浮かび、それが親しい相手なら、ＬＩＮＥ《ライン》や電話をする、あるいは約束をして会いに行くなどして、なんらかのアクションを起こしてみるのです。

すぐにやりたいことがある時は、実際に行動することが大切です。

自分の心の声を聞いて正直な気持ちを表現し、行動してうまくいくと、間違いなく自信がつきます。

また、自分の本当の気持ちを整理して、誰かに話してみるのも良いでしょう。他の人に自分の考えを伝えることで、第一に心が満足します。

それが楽しく前向きな話題であれば、相手の人にもプラスの影響を与えるでしょうし、さらに親密な関係を築くことにもつながります。

自分の思いを話したことがきっかけで、共感し合える仲間ができたり、相手から刺激を受けたりして、自分一人だけだった世界が広がります。

自分の中から湧き上がった思いを大切にして、今できることをやってみること。その一歩が踏み出せると、必ず次の行動へとつながっていきます。

動いてみたけれど、思った通りにならなかったら、軌道修正してまた行動すればいいのです。あるいは、もう一度自分に「どうしたい？」と問いかけて答えを確認すると、新たな発想が浮かぶこともあります。

一歩一歩、前に進んでいることが大事です。行動したことで、自分に対する信頼が生まれ、確かな自信につながっていくのです。

コラム

自分の中の「安心できる感情」を知るために

日頃、心に浮かぶ感情の中から、ポジティブな言葉を取り出して、そのイメージを線や形などに描くことで、安心することができるようになります。

リラックスしている時などに、腹式呼吸と一緒に行うといいでしょう。

ポイントは、自分が大切にしているポジティブな感情、例えば、「楽しい」「嬉《うれ》しい」「愛《いと》しい」「可愛《かわい》い」「幸せ」などのような、気持ちが高揚するような言葉を思い浮かべることです。

少しでもホッとしたときに浮かんでくる、自分の心の中心にある「いい感じ」のものと言えばいいでしょうか。

このような感情の中で、まずは今、一番気になる言葉を自分に聞いてみます。

そして、思い浮かんだものを心で感じてみましょう。

例えば「安心」が浮かんだら、「安心」という感情を自分自身で感じて、味わったらノートなどに表現してみます。
○《マル》や螺旋《らせん》などのような単純な形や線、あるいは花の図形などのような絵に近いものなどを心のままに描いてみます。
何度も描いていると習慣化され、思ったことがすぐに形になって、自然と描き出されるようになっていきます。

私自身は、例えば「繁栄」という気持ちを感じたときに、すぐに形が見えてポジティブな気持ちになることができます。

こうして自分のポジティブな感情を心に刻んでいくことも、「安心」して生きるための方法の一つです。

ヒーリングデザインを実践してみましょう

自分に合った仕事を見つけたい人の活用例

それでは、この章の仕上げとして具体的な活用例をご紹介します。

ここでは今の仕事が自分に合っているかどうかわからない、本当に自分がやりたい仕事を見つけたいと考えている人のケースで考えます。

実際、心と身体が健康で元気である限り、働き続けたいと思うのは、きっと私だけではないと思います。そして、外で働くことを辞めてしまったけれど、できればまた就労したいという方も少なくないのではないでしょうか。

また、ただお金のためというのではなく、自分に合っている仕事、天職と思える仕事をしたいと考える方は多いでしょう。

自分の好きなこと、得意なことが仕事につながれば、充実した毎日を送れますし、自分の中から活力やアイデアが湧いてくるものです。

「ヒーリングデザイン」で、自分が本当にやりたい仕事を見つけることができます。次のステップで、ヒーリングデザインを実践してみてください。

ステップ1　腹式呼吸をする
ステップ2　具体的な職種ではなく、自分の得意なこと、好きなこと、やりたいことを自由に書き（描き）出す
ステップ3　ステップ2の要素が入っている職業を見つける
ステップ4　得たい収入の金額を明確にする
ステップ5　その職業に就くための方法を調べる
ステップ6　実際に行動する

ステップ1　腹式呼吸をする

30ページを参考に、腹式呼吸で心と身体を整えます。

ステップ2

具体的な職種ではなく、自分の得意なこと、好きなこと、やりたいことを自由に書き（描き）出す

「自分はどんな仕事をしたいのかな？」と、まず自分の心に尋ねてみましょう。答えは具体的でなくても大丈夫。得意なこと、好きなこと、興味のあること、これからやってみたいことなど、思いつくままに書き出します。

回答例は次のようになります。

・イラストや絵を描くのが好き
・人が好きなので接客をしたい
・1人でコツコツできることがいい
・人に何か教えることが得意
・身体を動かすのが好き
・好きな料理で人を喜ばせたい
・海外を飛び回ってみたい

・高齢者の話し相手が得意

この時点では、たとえ外国語が話せなくても海外で活躍したいとか、お店を経営したいなど、すぐに実現できないことでもひとまず書いてみます。

1度書いただけで終わりにせず、思いついたらまた書き足してみてください。何回も繰り返し、自分の心に聞いていきましょう。

すると、いつも同じ項目が出てきたりして、自分の本当の気持ち、本当にやりたいことがわかってきます。

それが自分に合う仕事につながります。

ステップ3 ステップ2の要素が入っている職業を見つける

書き出した好きなこと、やりたいことを眺めてみて、仕事として実現できそうなことを選んでいきましょう。それを改めて書き出し、さらに詳しく心に聞いていきます。

例えば、人と接することが好きなら、どんな仕事がやってみたいか、自分の心に聞いていきます。

すると、販売員を始めとした接客業、保育や介護の仕事、タクシーの運転手など、様々な職業が思いつくでしょう。その中から、自分の心に聞いて安心するものを選びます。

ステップ4 得たい収入の金額を明確にする

収入は、仕事に対する報酬（対価）ですが、評価でもあります。

また、自分自身がどれくらいのお金があれば幸せになれるのか、ということを考える指標にもなります。

収入について、得たいと思う具体的な金額を、自分の心に聞いていきます。

「自分はどのくらいの収入を得たいのか？」と質問して、

「月収〇〇〇円」「年収〇〇〇円」と具体的に数字で答えます。

そして、その金額を実際に手にした自分をイメージしてみましょう。安心したら、それが今の自分に合っている収入です。

単純に多い方が良いとも限りません。多すぎて不安になる、落ち着かない感じがすると、それは実現しにくいわけです。常に安心感がポイントです。

ステップ5　その職業に就くための方法を調べる

仕事と収入が決まったら、次は、どうすればその仕事に就くことができるか考えましょう。

本や雑誌、ＳＮＳ情報、親しい友人や知人などに聞いたりして、情報を集めます。その情報の中で、自分が安心する物を選んでいきます。

人と接することが好きで、何か物を売る仕事が安心するなら、好きなジャンルのお店の求人を探してみてもいいでしょう。

また、近所で気に入っているお店が求人募集をしていないかなど、直接尋ねてみるのもいいかもしれません。

資格や技術が必要なものは、どうしたらその職業に就くことができるか考えましょう。また、起業という選択もあります。

年齢や性別を気にすることはありません。時代はどんどん変わっています。本当にやりたいことを目指しましょう。

ステップ6 実際に行動する

自分の心に聞いて書き出した仕事や情報の中から、「これをしたい」と思い、安心感があることなら、実際に行動してみます。

ステップ5で選んだ情報を実践してみるのです。

実際にやってみて、自分の心が安定して元気になるなど、ますますやる気が出るようなら、それがあなたの天職といえます。自立した人生をヒーリングデザインで作っていくことができますよ。


ここでは「仕事」を例に挙げて、実践の方法をご紹介しましたが、ヒーリングデザインは、もちろんどのようなことにも応用ができます。

例えば出かけるときの着る服を選んだり、ランチのお店を考えたり……。

このような日常における小さな選択から、人生の岐路となるようなものまで様々なものが対象になります。

私自身がこれまで、日常生活でヒーリングデザインしてきた主な項目は、第６章（１６８、１６９ページ）で挙げていますので参考にしてください。

また、この方法は老若男女、どなたでもできますので、ご家族やご友人などの、周りの方たちにも伝えていただきたいと思います。

第２章
「安心できる場所」をデザインする

自分だけの「安心できる場所」が必要な理由

「ヒーリングデザイン」は、自分自身を知って行動するというものですが、同時に、自分に合った「空間」、つまり「安心できる場所」とマッチングできるようにもなります。

「安心できる場所」が一つでもあれば、人生を穏やかに過ごせるようになるのです。

ところで、あなたが今いる場所は、安心できるところですか？

あるいは、あなたには今、「安心できる場所」がありますか？

「安心できる場所」、それは、最近よくいわれている「居場所」のことですが、自分の部屋などのような「物理的な居場所」、あるいは心の拠《よ》りどころとなる「心の居場所」などがあり、人によって受け止め方は様々なようです。

私は、「居場所」で何よりも重要だと考えているのが「安心感」です。

そもそも私は「空間」というものを、建物などの物理的な視点から捉えてきました。けれど「ヒーリングデザイン」では、精神的な面での「安心できる場所」を創ることも重要だと考えるようになりました。

誰にでもいえることですが、人は、安心しているときに本来の自分自身でいられて、持っている力を活かすことができます。

例えば、何かを発表するときに、ガチガチに緊張して声が出なかったとか、試験や面接を受けたときに、緊張と焦りで思うように実力が出せなかった、といった経験はありませんでしたか?

なぜ、このようになってしまうのでしょうか。それは、知らない人の前で自分を表現する時、初めての環境や初めての出来事に向き合う時、人は「不安」な気持ちになって緊張してしまうからです。

どんな状況であっても、いかに力を抜いてリラックスするか、いかに心を安定させるかが、自分の本質とつながるコツです。

そして私たちが生活していく上で、安心できる場所、あるいは安心できる人間関係が、私たちには必要です。何かに思い悩んだり、精神的に落ち込んだりした時も、安心できる場所があり、安心を与えてくれる人がいれば、本来の自分を取り戻すことができます。

リセットして、また前向きに歩み始めることができるのです。

自分にとっての「安心できる場所」を見つけること、あるいは気づくこと。そして、今はまだないとしたら、自分で創り出すことが、間違いなく人生の豊かさにつながります。

自分らしくあるための、４つの「安心できる場所」

前述したように、「安心できる場所」には、物理的なものと精神的なものがあります。私にとっての「安心できる場所」（居場所）は、大きくわけて次の４つのカテゴリーになります。

１　リラックスできる場所
２　社会生活の中での居場所
３　自分を信じてくれる人
４　自分の信念、心の拠りどころ

１は物理的な場所、２は物理的な場所と精神的な拠りどころとしての場所の両面があり、３と４は精神的な拠りどころとしての場所です。

ここでは、私自身の４つの居場所のことをお伝えしますが、自分に合う場所は人それぞれ。あくまでも参考としていただければと思います。

1　リラックスできる場所

人によっては、1人で静かに過ごせる部屋、椅子やソファ、一日の疲れを取ってくれるお風呂だったりするかもしれません。また、お気に入りのカフェや、公園のベンチという方もいるでしょう。

私の場合は、仕事などから解放されてリラックスしたいときや、ホッとしたときにくつろげるソファが一番大切な居場所です。

他にも、安心して暮らせる街（エリア）、さらに、寝るときに思いっきり身体を預けられる大きなベッドも、私を安心させてくれる居場所です。

❶ リラックスできるソファ

私の居場所としての「ソファ」は、ずっと大切にしている、相棒のような存在です。

そして「ソファ」は、私が「ヒーリングデザイン」で居場所について考えたときに、最初にイメージしたものでした。

「どんな椅子やソファが欲しいの？」

「どれくらいの大きさがいい？」

「座ったときの感触は？」

「材質はどんな感じ？」

「色は何色がいい？」

自分自身に、こう尋ねました。

私の答えは「ソファ」で、基本の構造がしっかりしていて、身体をきちんと支えてくれる土台のものでした。椅子やソファの場合、骨組みがしっかりしているかどうかは、自分の身体を預けるのでとても大事な要素です。

そして私は、イメージしたものをスケッチブックに描いていきました。

一般的なものより少し大きめのソファが、私にはぴったりだと思いました。まっすぐ座っても、横になって寝ても、どんな姿勢も取ることができる十分な広さが欲しかったのです。

さらにクッションもたくさんあった方が、いろいろな姿勢が取れて使いやすくなると思い、絵に描いていきました。

生地は、肌触りが柔らかく、洋服越しでもその優しさが感じられるしなやかなものが好き。柔らかいだけでなく、丈夫であることの安心感も大切です。細い糸を撚《よ》って、目を詰んで織り上げた生地がいいな。フカフカで気持ちいい、心地いい感触です。絵にできないものは文字で書き足しました。

ソファの色は、私の好きな茶色。クッションの色も同系色で統一します。自然を感じる色合いで、心が落ち着くからです。

そして私は、実際にソファを買いに行きました。

私の中ではすっかりイメージができているので、お店にあったたくさんのソファの中から、一目で「これが私のソファだ」とわかりました。そのソファを見つけた時、とても嬉しかったことを今でも覚えています。

こうして自分自身の心に聞きながらデザインしたソファは、今も私が身をゆだねることができる安心、安全な居場所なのです。

❷ 安心して暮らせる街（エリア）

私が暮らしている街（エリア）は、仕事場に無理なく通える範囲でありながら、散歩ができて自然を感じられるところです。

私は散歩が大好きで、今日はどんなところを歩きたいのか、今の季節で何を感じたいのかなど、その日の散歩はヒーリングデザインで決めています。

行く場所や時間などは家を出る前に決めますが、道での発見や、つい立ち止まって見とれてしまう美しい風景などを見るときは、自分の心の思うままに自分のペースで止まったり歩いたりします。

散歩は、場所の選び方や歩き方で、引き出せるエネルギーが違うのです。

四季が織りなす風景や、木々や花々の成長の移り変わり、風、空の色、鳥や虫などから季節を全身で感じていくと、身体が季節の変化にぴったりと一致していくのです。またそうして感じることがあったなら、それは自然と一体となって歩いたサインになります。

こうして心の声を聞いて散歩するのは、心のままに全身を動かすことでもあります。それは心と身体と行動力を一致させるものです。散歩は、自分の中にある力を引き出し、望む現実を創るための心を強くしてくれるのです。

とはいえ、最初から、今のような気に入った場所にたどり着いたわけではありません。あまり好きではない街で暮らしたこともありました。それは、結婚したばかりの頃で、夫と2人で暮らしていたときのことでした。

私は大学生のときに、お金に困窮した経験があったことから、結婚には経済的な安定を求めていました。そんなときに出会った相手は、上場企業の優秀なサラリーマン。その人と結婚したら、経済的に安泰だろうというのが、年齢的に早い23歳で結婚を決めた理由の一つでした。

もちろんその人のことが好きだったのは確かですが、両親を安心させたいという思いもありました。

夫になった男性はとても温厚な性格の人で、いつも優しくて、私のことを大事にしてくれました。パートナーの存在が精神的な支えとなり、常に安心感がありました。すでに離婚していますが、今は独身同士、友人として仲良くしています。

当時住んでいたのは、東京の都心で、オフィスビルとマンションの建物が混在している街でした。私はもともと緑の豊かなところ、自然を感じられるところが好みだったのですが、通勤の利便性を考慮して、都心のマンションに住むことにしました。

本当は自分が好きな、居心地のいい場所で暮らしたいと思っていたのですが、お互いに仕事がかなり忙しく、平日は寝に帰るだけのようなものでした。

住まいに「リラックス」を求める余裕も、それについて話し合うこともなく、また通勤時間短縮のメリットがあったため、そのまま都心のマンションで暮らしていたのです。

ところが、離婚がきっかけで、もともと自分が希望していた自然を感じられる街で暮らすことになり、さらにもう一つの居場所となる、大きなベッドを手に入れることになったのです。

❸ クイーンサイズのベッド

ある時、仕事の関係で、赤坂にある有名なホテルに宿泊することになりました。そのような超一流ホテルを利用するのも初めてでしたし、おまけにキングサイズベッドのある部屋に泊まることになって、私は衝撃を受けたのです。

「すごい！　こんなに大きなベッドに1人で眠ることで、これほど幸せな気持ちになれるなんて……」

生まれて初めて横になったキングサイズベッドは、私を優しく包み込んでくれて、それまで味わったことのない、深いリラックスと安心感を与えてくれました。

この体験がきっかけで、さらにリラックスできる安心の場として、キングサイズベッドで寝たいと思うようになりました。

今すぐは無理でも、いつか寝室にキングサイズベッドを置いて眠りたい、極上のリラックスを味わう暮らしをしたい、と思っていたのです。

その数年後、すれ違いが原因で結婚生活に終止符を打つことになるのですが、一人暮らしを始めるとき、緑豊かな街に住みたいという希望をかなえるため、多摩川沿いのエリアで、もう一つの夢だった「寝室にキングサイズベッドを入れる」ことを第一条件に部屋を探しました。

お気に入りのソファはリビングに置くことができたとしても、一人暮らしの部屋にキングサイズベッド（１８０センチ×１９５センチ）は大きすぎるため、クイーンサイズベッド（160センチ×195センチ）に変更して、理想的な部屋を見つけることができました。

自分の理想とする心地よい街、部屋と出会い、自分だけの大きなベッドに眠ったときに、この上ない自由と幸せを感じたことを、今もリアルに覚えています。

私のケースはあまり一般的ではなく、参考にならないかもしれませんが、あなたが一人になってホッとできる場所、あなたにとってのピースフルなスポットを、ぜひ見つけてください。

2　社会生活の中での居場所

私にとって一番大切なこと、それは「仕事」です。

もちろん、他にも大切なことはいくつかありますが、私はどうしても、仕事を中心に物事を考えてしまいます。

けれど40代くらいまでは、そうではありませんでした。仕事は好きでしたが今ほどではなく、思い通りにいかず、この状況から逃げたいと思うことも、もちろんありました。

そんな私が夢を諦めず、自分のやりたい仕事を自由にできるようになって、こうして続けていられるのは、「安心できる場所」があったからでした。

仕事が好きな人にとっては、会社や職場が居場所かもしれませんし、仕事自体が自分の居場所だという人もいます。また、習い事や趣味のサークルなどに参加している方は、その集まりを指すこともあるでしょう。

私自身は、自分が本当にやりたい仕事をするために、そして居場所を作るために自分の会社（ナウミスペース株式会社）を立ち上げました。それまでいくつかの会社で働くうちに、自分の好きな仕事を自分の好きなペースでできる「自由な居場所」が欲しかったことに気づいたからでした。

私の会社は個人経営ということもあり、少人数で気心の知れた社員との仕事なので、安心して過ごすことができています。

また、4年前から「仕事を続けられる身体づくり」のために通っているスポーツクラブは、スケジュールを考える上での柱になっていて、私にとって欠かせない居場所になっています。

とはいえ、スポーツクラブは、誰も知らない人の中に入っていくのですから、最初は緊張し、心から打ち解けるのは難しいものです。

もちろん、トレーナーさんや受付などのスタッフの方たちは、こちらが緊張しないように気を遣い、いつもフレンドリーに接してくださいます。

私自身は、最初から緊張することなく気持ちよく通っていたのですが、ある時から、スタッフの方たちの、私への接し方が変わってきたのがわかりました。

それは、以前に比べて、より親しみが感じられ、距離が近づいたような関係になってきたことでした。

なぜ、スタッフの方たちとの関係が変化したのでしょうか。

よく考えてみると、それは私からの「挨拶」や「声がけ」に理由があったのだと思います。

私は、スポーツクラブの人たちに限らず、ご近所の方たちにも必ず挨拶をします。相手が返してくれなくても、私はできるだけ相手の目を見て、ニコニコして、「おはようございます」「こんにちは」「さようなら」と言って、頭を下げます。

いつ、どんな時も、誰に対しても。自然にそうしているのです。

また、スタッフの若い女性がしばらく休んでいたので声をかけたことがあったのですが、彼女が「美佐江さん(私のことをこう呼んでくれます)が、私のことを心配してくれた」「すごく優しいから好き」などと言ってくれるようになりました。

また、私の年齢を知っている事務の女性から、「美佐江さん、お年はいくつですか?」と、わざと聞かれたことがあるのですが、「ヒ・ミ・ツ……。もう、あなたって、やな性格ねぇ」と、ちゃめっ気たっぷりに返したところ、「私も美佐江さんみたいな人になりたいから、がんばって美佐江さんみたいに努力する」と言われました。

とにかく褒めてもらったときは「ありがとう」と感謝して、「私なんて」とか「そんなそんな」とは言わないようにしています。

愛をもって人に接すれば、楽しい居場所は創ることができるのです。

3　自分を信じてくれる人

あなたには、自分を信じてくれる人はいますか？

家族、心通い合う友人や仲間、お世話になった恩師、仕事を任せてくれる上司や仲のいい同僚など……。自分には、そんな人はいないと思う人でも、ちょっと考えてみてください。

たった1人でもそのような存在がいると、不安を感じたときに、その人がかけてくれた言葉を思い出すだけで、精神的に安定します。

私には、何十年もの間、私のことを信じ続けてくれる2人の大切な人たちがいます。

1人は中学校時代からの親友、そしてもう1人は大学時代の後輩です。

私が通っていた学校は小・中一貫校で、私は小学校から、親友の彼女は中学校からの入学でした。とても気が合い、いつも一緒でどんなことも相談していた友人でした。

中学を卒業後、実家を離れて寮生活をすることを決めた私に、彼女が「だって美佐江ちゃんは成功するんだよね」と強く言ってくれたことが今でも忘れられません。

周囲には、中学卒業時に親元を離れる人は誰もいなかったこと、そして私が語っていた「何かで成功したい」という夢を、彼女はずっと信じてくれていたからこその言葉でした。

その後、彼女はずっと教師の仕事をしていました。今は仕事をリタイアして関西で暮らしていますが、何かあるたびに必ず励ましてくれます。

そして、大学の後輩女性の存在も、私にとって大切で安心できる「居場所」です。

昔、誰かに聞いた「たった1人の人でいいから、『あなたは成功する』と信じ続けてくれる人がいれば、その人は成功する」という言葉を今でも覚えているのですが、彼女と接していると、そうだなと思います。

成功するかどうかは別として、そのような気持ちになれることが大事だと思います。

彼女とは、大学のときに知り合いましたが、実は高校の後輩でもありました。

出会いは、彼女が高校の進学指導の先生から、大学の先輩である私のことを紹介されたことがきっかけでした。

学科は違いましたが、大学の各学科に女性はそれぞれ2名ほどで、全学年に12名しかいないということもあって、私が在籍する建築学科の製図室に彼女はよく遊びにきていました。

私はよく覚えていないのですが、「住む人たちが幸せになる家を建てなくちゃいけない」と、私は学生の頃から言っていたらしいのです。それを覚えていてくれたことがとてもありがたく、仕事の励みにもなっています。

彼女とはしばらく会っていない時期もありましたが、今から30年ほど前に連絡をもらい、ご自宅を設計させていただくことになりました。学生時代から、いつか家を建てるなら私に設計してほしいと思っていたということでした。

実際の家は、当時の「一般的な家」からすると、かなり個性的なものでしたが、とても気に入ってもらい、今でもその家を好きな気持ちは変わらないと言われました。このことについては、第5章で詳しくお伝えします。

自分を信じてくれる人がいることは、生きていく上で、とても「安心」で前向きな気持ちでいられるものです。

4　自分の信念、心の拠りどころ

20代の頃の私は、人の悩みを聞いたり、パーティの幹事を引き受けたりすることが多く、「私は人のお世話をするのが好きなんだ。それは人を愛しているからだ」と思っていました。

ところが、人のためにがんばればがんばるほど、尽くせば尽くすほど、嫌になったり疲れたりする自分に気がついたのです。

「私は好きなことをしているのに、どうして嫌になったり、疲れたりするんだろう……」

そのことをノートに書いて、自分の気持ちと向き合うことにしました。

すると、疲れるのは、がんばりすぎて無理をしているからで、それは自分自身を大切にしていないからではないか、つまり「自分を愛していない」のではないかと考えるようになりました。

人を愛しているつもりでいた私は、本当はそうではなかったのかもしれない。

「本当に人を愛する人は、自分を愛するもの」

「私は私を愛しています」

このようにノートに書き、さらに口に出して自分自身に言い聞かせました。

実は、このように口に出して言い聞かせる方法は「アファメーション」といわれるものです。

自分の理想やポジティブな未来、目標達成した状態を思い描き、言語化して繰り返し宣言する自己暗示法の一種で、医療の領域でも使われている心理的な方法といえます。

テーマによっては、ヒーリングデザインに「アファメーション」を組み合わせると効果があると思われます。

こうしてしばらく続けているうちに、人のために何かをしても疲れなくなって、肩の力が抜けているのが自分でもわかるようになりました。

無理をせず、自分自身を大切にして愛すること。これこそが、自分らしくいるために大事だということがわかったのです。

私は、みんなが幸せになってほしいと思っています。

こう考えると自分が幸せな気持ちになって、安心するのです。


このように4つに分けてご紹介した私の「居場所」ですが、もちろん、ここに挙げたもの意外にも「安心できる場所」はいくつもあります。

きれいな海の浜辺に行くと癒されますし、美しい空を見ているとアイデアがたくさん浮かんできます。私の居場所は、私の中にあるいろいろなものを引き出してくれるものでもあるのです。

どうぞあなたも、たくさんの居場所を見つけてください。

自分だけの「安心できる場所」を考える

自分だけの「安心できる場所」（居場所）を考えましょう。

これまでと同様に、まずは「腹式呼吸」で気持ちを整えて、次に「書く（描く）こと」、そして「行動すること」です。

準備

・ノートやスケッチブックなどの紙と、ペンを用意しましょう。
・1人でリラックスできる場に身を置きます（家の中でも外でも構いません）。
・目を閉じて、30ページで紹介した腹式呼吸を行います。気持ちを落ち着かせ、十分にリラックスしたら始めましょう。

ステップ1　自分の「安心できる場所」（居場所）について考える

私がご紹介した「居場所」は、次の4つでした。

1　リラックスできる場所
2　社会生活の中での居場所
3　自分を信じてくれる人
4　自分の信念、心の拠りどころ

この4つの項目をヒントに、自分の「居場所」について考えましょう。

「安心して、リラックスできる場所はありますか？」

「職場や趣味の集まりなど、自分の居場所と呼べるところはありますか？」

「自分を信じてくれる人はいますか？」

「自分が信じていることや、心の拠りどころとなる言葉はありますか？」

もちろん、この項目の一つでもいいのです。「安心」を得ることが、本当の自分として生きるために大事なことです。

ステップ2 **今いる「場所」を考える**

あなたの今いる場所は、安心できるところですか？
あなたが挙げた「居場所」が安心できないとしたら、どうすればいいですか？
安心できる場所を探しましょう。

ステップ3 **実際に行動する**

ステップ2で考えたことを、実際に行動してみましょう。
「居場所」づくりは、すぐにできるものと時間がかかるものがあります。
焦らず、ゆっくり考えていきましょう。

第３章
私が「ヒーリングデザイン」に出会うまで

パート1

建築の仕事に就くまでのこと

「居心地のいい空間」に気づいた高校時代

私が「ヒーリングデザイン」に出会うまでには、少し時間が必要でした。

そもそも私が、住まいや空間の「居心地」というものに気づいたのは、高校生のときでした。

当時、寮のあるミッション系の女子高校に進学した私は、親元を離れ、自分では気づかないほど緊張感のある中で、高校生活を送っていたのでしょう。長い休みで実家に戻るたび、住み慣れた家が私を迎え入れてくれて、心からホッとすることができました。

温《ぬく》もりのある数寄屋《すきや》造りの空間がとても居心地良く、なんとも言えない安心感に包まれました。実家で家族とリラックスして過ごすうちに心と身体が癒され、本来の自分を取り戻すことができた私は、また寮生活へと戻っていきました。それを繰り返すうちに、気づいたのです。

「人にはそれぞれ、自分に合う空間があるんだな」と。

自分に合う空間にいると、誰もが居心地の良さを感じるものです。その空間にいると、心も身体も癒されて安心できますし、余計な力が入っていないときに、もともと持っている自分の力が引き出され、発揮できるのですね。

空間の力で、人の可能性や能力が引き出せることに気づいた私は、「その人らしくいられる空間づくり」に興味を持ち始めました。

進路を決めるにあたり、数学が得意だったことと、幼い頃から絵を描くのが好きだったことから、父が「建築家という道があるぞ」と勧めてくれて、私は大学の建築学科を目指すことにしたのです。

受験した大学の建築学科は、浪人して受験する人が多いほどの狭き門でしたが、無事、現役で受験を突破することができました。

実際、その年の建築学科の合格者は120名で、現役は17名。そのうち女子はわずか2名で、大学全体で見ても4000名中12名という少なさでした。私の場合、女子高からいきなり正反対の環境に身を置くことになったわけです。

男子ばかりの中で、希少だった女子は教授たちから可愛がられ、私は「ミス建築」と呼ばれていました。それを聞いた同級生の男子たちに、からかい半分で「建築ミス」とあだ名をつけられました。

建築学科の授業の中でも私が特に興味を持った「建築デザイン」は、人々が快適に暮らすために必要な知識を学ぶもの。大変楽しく興味深いものでした。日々課題に追われる非常にハードで大変な授業でしたが、わからないところがあれば一緒に調べたり、教え合ったりしながら、仲間と切磋琢磨《せっさたくま》し、成長できる環境でした。

年齢・性別に関係なく、私はみんなと仲良く交流していました。

学費を稼ぐためにアルバイトをすることに

非常に有意義な学生生活を送っていたのですが、2年生の時、父が経営していた会社が倒産に追い込まれてしまいました。

そして、私に建築家への道を勧めてくれた父から、ある日突然、「大学の学費や生活費はいっさい出せない」と言われるとは思いもせず、大変なショックを受けました。まさにそれは青天の霹靂《へきれき》といえるものでした。

その頃、私の家では高校生と中学生の弟が受験を控えていたため、父は女の私に大学を辞めてもらい、なんとしても男の子たちを大学まで行かせたいと考えていたようでした。これは、当時としては一般的な考え方でした。

このまま、道半ばで大学を辞めなければならないのか……。

退学届を出せば、すべてが終わりです。私は、弟たちを大学に行かせたいという気持ちがある一方で、どうしても自分が大学を辞めることを受け入れることができませんでした。

「大学は、絶対に辞めたくない……」

とにかく学費を稼がなくてはいけないと思い、すぐに行きつけの喫茶店のマスターにアルバイトができないかと相談すると、その人が経営するアクセサリーショップの店長をやってみないかと言ってくれたのです。

朝、シャッターを開けることから始まり、店内の掃除をして、商品を丁寧に並べ、お客さんの対応をする。さらに閉店後は売り上げ金を計算し、在庫確認をして店を閉めるところまで、すべてを自分一人で行いました。

今、考えてみると、まだ社会経験もない20歳そこそこの学生に、マスターは全幅の信頼を置いて、よくお店を任せてくれたものだと思います。

自分にできる精一杯のことをやろうと、毎日、夢中で働いていましたが、学費をすべてカバーできるほど稼げるわけではなく、明日はどうなることかと不安でいっぱいでした。

窮地を救ってくれた恩人との出会い

そんなある日、1人の男性が奥さまへのプレゼントを求めて来店されました。猫を飼っていると伺い、可愛らしい猫をモチーフにしたブローチを選んで差し上げると、気に入って購入して帰られました。

自動販売機の営業をしていた男性は、近くに来たついでと言って、その後も何度か来店して品物を購入してくださったのです。

いろいろなお話をするうちに、温厚で誠実な人柄だと感じ、とても信頼のおける方という印象を持ちました。

そして、何度目かの来店の際に、「何かあったら、いつでも連絡してくれて構わないから」と、ご自分の名刺を差し出されたのです。

その男性に、身の上話をした記憶はないのですが、もしかしたら私が何か悩みを抱えているように見えて、心配してくれたのかもしれません（あるいは、私自身が学費のために働いていると言っていたのかもしれません）。

アルバイトでお金を稼ぐ一方で、私はなんとか大学を続ける道はないものかと模索し、お世話になった教授にも相談していました。

親身になって話を聞いてくださいましたが、学費が払えない現実はどうにも変えられず、「期限までにお金を用意できなければ退学届けを出すように」という最後通告を、事務局から言い渡されたのです。

あるとき1人の部屋で、お先真っ暗という気持ちになり、それまで張り詰めていた心の糸がプツッと切れてしまいました。

どうしようもない不安に襲われた私は、誰かに話を聞いてもらいたい衝動にかられ、アクセサリーショップで男性からもらった名刺の番号に、電話をかけていました。

「もしもし……」と、その男性の声を聞いた途端、涙が一気に溢れ出し、ひとことも言葉を発することができませんでした。

泣いている私の様子に、ただごとではないと察した男性は「近くまで行くから話を聞かせて」と言って電話を切り、奥さまと2人ですぐさま会いにきてくださいました。

近くの喫茶店を指定して落ち合うと、初めてお会いした奥さまも、男性と同じく物腰の柔らかい、優しそうな方でした。

お2人の顔を見て、ようやくホッとした私は、家庭の事情で大学を辞めなければならない状況に立たされていること、でも自分は大学を続けたいと思っていることなどを、正直にお話ししたのです。

お2人は静かに、私の話を聞いてくださいました。

心を開いて受け止めてくださってることが伝わり、安心して私は自分の状況を素直に伝えることができたのです。

すると不意に男性が、「まずは半年分の学費を出してあげるから大学に戻りなさい」とおっしゃったのです。その言葉に驚いて、すぐにお断りしました。

「お金をいただくことなどできません」

何度もそう伝えたのですが、「今の状況を打破するにはそれしかない」と男性も奥さまもおっしゃって、頑として譲らなかったのです。

お2人がお金に余裕があるということでは、決してなかったはずです。けれど、たまたま出会って話を聞いた私を放っておけない、助けたいと思ってくださった、そのご厚意に感謝して、私自身は、いつかお返しするつもりで、いただくことにしました。そして、そのお金で学費を払うことができました。

それから半年後、思いもよらぬことが起こりました。父が倒産後に新たな仕事を始めて、そこで得たお金で、私の学費を出してくれることになったのです。

ただ、2人の弟の学費のことがあり、家族は余裕のある生活ではなかったこともあって、ご夫婦からいただいたお金は、私自身で必ず返済したいと思いました。それは、卒業までにアルバイトをして得たお金と、就職して得られるお金で、お返ししようと考えたのです。

私は、家庭教師や図面を描く仕事などを学校から紹介してもらい、その後もアルバイト生活を続けながら、無事に卒業することができました。

そして就職し、初任給が出ると、直接お渡ししたくて会いに行ったのですが、お2人は、決してお金を受け取ろうとはしませんでした。

困った私は、奥さまの仕事先を訪ね、とにかくお返ししたいとお願いしたのですが、やはり受け取っていただくことができません。けれど何度か足を運ぶうちに、奥さまが根負けした形で、お金をお返しすることができたのです。

とにかくお2人のおかげで大学を辞めずに済み、そのご恩に報いたいと、私は必死に勉強しました。

その後も娘のように可愛がっていただいたのですが、このご夫婦との出会いは、私の人生にとって、奇跡と呼べる出来事でした。

また、倒産して生活が苦しい中、がんばってお金を工面してくれた父、ずっと私を信じ、励まし続けてくれた母には心から感謝しています。

あの時、自分の気持ちに正直に生きたことで、私は大学で学ぶことを諦めることなく、自分の夢に向かって進むことができたのです。

パート2
仕事での様々な体験を乗り越えて

悩みや葛藤を乗り越える経験が自分を磨いてくれた

人の助けを借りて、どうにか大学を卒業した私ですが、その後、建設会社に就職し、そこからは建築家として仕事中心の生活になりました。

今でこそ仕事はとんとん拍子で、思い描く通りになっているので、これまでのことを知らない人から見れば、私は自信満々で強い人と見えているかもしれません。あるいは、もともと恵まれていて苦労知らずの人と思われているかもしれませんが、決してそんなことはありません。

社会人の仲間入りをしたばかりの頃は、日々目の前のことに一生懸命で、仕事が楽しいとか楽しくないとか、何をやりたいとかやりたくないとか、いつまで続けるとか続けないとか、いっさい考えていませんでした。

けれど、いろいろな経験を重ね、建築家という仕事の大変さも面白さも味わう中で、人から喜んでもらうことで人の役に立つことの喜びを知り、自分らしく生きるにはこの道しかないと信じて歩み続けてきたのです。

第3章
私が「ヒーリングデザイン」に出会うまで

このような気持ちになるまでには、様々な悩みや葛藤がありました。

やりたい仕事をさせてもらえなかったり、職場の先輩との関係に悩んだり、働きすぎて身体を壊してしまったことも……。

これまでに起こったいくつかの分岐点となる出来事を、自分と向き合いながらどう乗り越えてきたのか、具体的なエピソードを交えてご紹介します。

様々な困難から逃げずに、「自分はこうなりたい」という意志を大事に、諦めず歩み続けた経験が、自分を成長させてくれました。

それがあったからこそ、人生の拠りどころとなる「ヒーリングデザイン」にたどり着けたのだと、今ではよくわかりますし、人生で起きることに無駄なものはないと実感しています。

1　やりたい仕事をさせてもらえないジレンマ

大手建設会社への就職

大学卒業後、私は業界大手の建設会社に就職しました。

大企業であること、お給料を平均より多くいただけること、残業がなく休みもしっかり取れて、社会制度が安定していることは、会社を選ぶ上での大きなポイントでした。

学生時代に、学費が払えない困窮した状況を経験した私は、「お金がない苦労を味わいたくない」「生活の安定が何より大事」という思いを持つようになっていました。

当時はその価値観が、人生の選択をも左右していたのです。

倍率の高い就職試験をくぐり抜け、誰もがその名を知る大企業に身を置くことになったのですから、客観的には恵まれた社会生活のスタートといえるでしょう。

建設業界は、今でも圧倒的に男性中心の社会です。男尊女卑が当たり前の業界だと、入社前に周りの人から言われていましたが、私にはそのようなことはありませんでした。

大きな組織の中で、仕事で関わるのは所属部署の小人数の人たちでしたが、私は技術職として採用されたこと、さらに紅一点ということで上司や先輩に可愛がってもらい、仕事も丁寧に教えてもらえたのだと思います。

当時の私は、大学出たての初々しさと、元気で親しみやすい女子という感じでしたので、自然と職場の雰囲気を明るくしていたと思います。

また大学が男子ばかりだったこともあり、同じような職場の環境に、すぐに馴染《なじ》むことができました。そのせいか、人間関係で不満や嫌な思いを抱くことは一度もありませんでした。

また私は、自分自身のことをいたって「普通」だと思っていましたが、周りからはどうやら天真爛漫《てんしんらんまん》で異色な人として見られていたようです。

例えば、こんなことがありました。

あるとき、朝礼で上司が「今年の年商は昨年を超えました！」と、嬉しそうに発表したことがありました。他の人はまったく反応しなかったのですが、私一人が「わ〜、すごいですね！」と声を上げ、上司に拍手喝采を送っていたのです。今でいう「天然」だったかもしれません。

私は単純に、会社にとって良いニュースで嬉しいと思い、それを素直に表現しただけなのですが、他の人たちは業務報告の一つとして受け止めていたようで、中には「自分のお給料が上がるわけでもない」などと思って無反応だった人もいたのだと、今なら理解できます。

職場で女性が希少だったこともあり、私は自由にふるまうことを制限されることなく、大切にしてもらえたのは大変ありがたいことでした。

デザインの仕事とは違う部署へ

入社した当初は、とにかく仕事を覚えるのに必死でしたが、次第に環境に慣れてくると、気持ちに余裕が出てきて、周りの状況がよく見えてくるようになりました。

建築の仕事は多岐にわたりますが、大学で学ぶ中で、一番面白いと思ったのが建築デザインでした。

ところが会社で配属されたのは、建築基礎に携わる部署で、土地の地質調査や基盤の強度などを測定してデータ化すること、さらに防水などの仕事が主なものでした。

もちろん、建物を作る上で、基礎が重要であることは理解していましたが、自分が本当にやりたいのは、デザインを主体にした仕事だと、改めて思うようになりました。

会社が大きくなるほど、一人ひとりは歯車のようになり、決められた場所で決められた仕事に携わることを求められます。個人の声や要望は通りにくいもの。新人であればなおさらです。

もちろん、最初からやりたい仕事に関わらせてもらえることは難しいものだとわかってはいたのですが、やりたいことが明確だった私にとって、気持ちは焦るばかりでした。

社内事情がわかるようになり、所属部署を変えてもらうのは簡単なことではないと悟り、このまま続けていても、私が望むデザインの仕事はやらせてもらえないだろうと、不安がどんどん大きくなりました。

私は思い悩む時ほど、ノートに気持ちを書くことが多くなります。

「何がやりたいの？」

と自らに問いかけると、

「やっぱり好きなデザインの仕事がしたい」

さらに、

「この会社にいたら、それができるの？」

「できないと思う」

「では、やりたい仕事をするにはどうすればいいの？」

「デザインの仕事ができる会社で働く」

これが答えでした。本心に気づいてしまったら、その職場にいることの意味も、徐々に薄れていきました。

入社して、もうすぐ1年というタイミングで、おつきあいしていた男性と結婚することになり、それを理由に会社を辞めることにしました。

結婚を機に「寿退社」する女性が多かった時代です。職場の人たちに祝福されて、円満に退社したのでした。

建築設計事務所への転職

寿退社で会社を辞め、次の就職先は決まっていなかったものの、私は家庭に入る気持ちがまったくありませんでした。

パートナーも同じ考えで、すぐに次の就職先を探し、求人募集で見つけた中規模の建築設計事務所に勤めることになりました。今度は、望んでいたクリエイティブな仕事ができる環境です。

本当の意味で、ここから私の建築家人生が始まったといえます。

そこでは、新人であったにもかかわらず、住宅、公共施設、ビルなど、ありとあらゆる仕事を任されました。

表参道のファッションビルや高級マンション、都内の保育園、著名人の邸宅などの他、「放送大学千葉学習センター」（千葉県千葉市）や「高エネルギー加速器研究機構」（茨城県つくば市）のような大きな組織の建物など、多岐にわたる仕事を1人で任されるようになりました。

20代のうちに、そこで空間デザインを含む、建築の仕事をトータルに経験できたのは幸運なことでした。

寝る間も惜しんで膨大な量の仕事に取り組み、多忙を極める毎日でしたが、必死に働いたことで建築家としての基礎知識や体力がつきました。

人の真似ではない独自の発想力を磨くことができ、アイデアを形にする力が鍛えられたと思います。

会社の先輩たちはとても優しく、誰に聞いても丁寧に仕事を教えてもらうことができました。そのおかげで、建築に必要なことは、ここにいた3年間に身につけることができたのです。

ただし、建築家という専門職に性別は関係なく、体力的にかなわない男性と肩を並べ、対等に働かなければなりません。

全面的に任されるようになるとなおさら、膨大な量の仕事に追われて十分な休みも取れず、納期に間に合わせるためには、徹夜も当たり前の状況がたびたびありました。

そんな困難な状況も、若さと情熱で、なんとか乗り切ることができたのですが……。結局、無理がたたって体調を崩し、しばらく会社に行けなくなったことをきっかけに退職することになりました。

けれどここでの経験が、建築家としての基盤を固めてくれましたし、仕事の醍醐味を経験できたのは本当に良かったと思っています。

2 先輩の理不尽な対応

閉鎖的な仕事場での辛い仕事

仕事の悩みの多くは、人間関係だといわれます。

男社会という職場にいながらも、それまでまったくそのような悩みがなかった私でしたが、人間関係で一度だけ辛い経験をしたことがありました。

建築家としての経験と実績を買われ、建築事務所としては比較的大きいところで働いていたときのことでした。

デザインの仕事ができると張り切っていたのですが、予想外だったのは、本社から少し離れた分室に配属されたことでした。そこに会社の先輩と2人きりという、閉鎖的な状況に身を置くことになったのです。

この先輩から、私は建物の設計図を作成するように指示されました。

今のようにパソコンで簡単に線を描き、あっという間に図面を完成させることができるのとは違い、当時はペンと定規で1本ずつ線を引き、何時間もかかって1枚の設計図を仕上げていました。

ようやく描き上げたものを先輩に見せると、全体をチェックした後に、無言で返されてしまいました。

くる日もくる日もそんな状況で、自分の図面の何がダメなのか、どのようにすればオーケーが出るのかもわからない状況の中で、私は何度も描き直す作業をしながら、どんどん自信を失っていきました。

もしかしたら先輩は、私を育てようとして、そのような対応をされたのかもしれません。けれど先輩は、その時だけでなく、いつも不機嫌な様子でした。

それなのに会社の飲み会などでは、とても感じが良くて、別人のようなのです。そのため、私の状況を他の人には理解してもらえませんし、別の部署への移動もかなわない状況でした。

夫や両親、親しい友人にそんな状況を話すと、「すぐに辞めた方がいい」とか「相性が良くないのではないか」などと誰もが同じことを言いました。

けれども、私は仕事自体にやりがいを感じていましたし、本当に辞めた方がいいのか何度も自分に問いかけました。

自分がもう少し努力すれば先輩は変わるんじゃないか、もう少しがんばれば認めてもらえるんじゃないか、と思っていました。さらに成長するにはここが踏ん張りどきだと、そんな気持ちでした。

私は小学校の時から学校を欠席したことがなく、常に皆勤賞で、一度始めたことを途中で投げ出すのが嫌いな性格でした。それもあって、周りがなんと言おうと、この状況で自分から辞めるという考えには至らなかったのです。

とはいえ、徐々に私は「本当は、建築の仕事が嫌いなんじゃないか」などと思うまで、自分を追い詰めるような気持ちになっていきました。

「なぜ、この仕事をやっているんだろう？」

なんでも話せる親友に、こう話したことがありました。親友も、私と同じように、ちょうど仕事のことで悩んでいたのです。

2人で本音の話をした後、私が口にしたのは、「建築を辞められないのよ」という言葉でした。親友も「そうだよね」と共感してくれて、この時は自分の気持ちに納得したのです。

次の会社が決まり、ようやく辞めることに

先輩との環境に慣れると、自分はやるべきことをやるだけだと割り切ることができるようになり、1年近くが経った頃……。

ある時、大学の先輩に誘われて、彼の知り合いの建築設計事務所に遊びに行くことになりました。

そこで私が、会社の先輩からこんな対応をされていると話すと「そこまで理不尽な状況はあり得ないな」と言われました。

同業者の先輩たちが言うのだから本当に異常なんだと、ハッとしたのです。そこで初めて腑《ふ》に落ちて、「もう辞めよう」と気持ちが固まりました。

そしてありがたいことに「良かったらウチで働かないか？」と声をかけていただいて、そちらの事務所にお世話になることになったのです。

改めて振り返ると、よく1年も我慢したものだと思います。それは、辛い状況の中でも、「建築を辞められない」という気持ちが強かったからだと思います。この気持ちがなければ、すぐに辞めていたかもしれません。

おかげでメンタル的にかなり鍛えられ、ちょっとやそっとのことでは諦めな

い人間になったと思います。これも自分の糧になっていたわけで、人生に無駄なことは一つもないということかもしれませんね。

3　起業までのみちのりと、起業当初の悩み

仕事の面白さを実感

新しい建築設計事務所では、私の下に何人かの部下がいる、中間管理職というポジションを与えられました。

今までずっと部下の立場だったので、指導するというのは初めての経験でしたが、自分がアイデアを出して、細かい作業は部下に任せるというように、仕事がやりやすい状況になったのです。

そこの所長が言ったことで、心に残っている言葉があります。

「建築なんて簡単だ。誰に話を聞けばいいか、どの本を読めばいいか、わかっていることが大事。それを見極めることができれば、いい仕事ができる」

それを聞いた時、自分にはまったくない発想だったので「なるほど」と思い、いたく感動したのです。以後、私の座右の銘になっています。

この職場で働いていた時期は、体力的にも精神的にも充実していました。

年齢的に20代後半で、責任が大きくなる一方、仲間と共に協力して一つのプロジェクトを達成する喜びも味わい、「仕事が面白い」「私は建築デザインが本当に好きなんだ」と実感しました。

毎日、充実感を味わっていたものの、次から次へと仕事が入ってきて忙しさが続くと、十分な休みが取れず、次第に疲れが溜《た》まってきてしまいました。ノートには、「自分の時間が取れない」「自由を感じられない」と、本音を書き込むようになりました。

自分らしくいたい、自由になりたいという気持ちがどんどん強くなるものの、ますます仕事に忙殺されている現状に、どうしたらいいのかと、すごくもがいていた時期でもあります。

いろいろと悩んでいるうちに、仕事は楽しいけれど、ここは本当の自分の居場所ではないかもしれないと考えるようになりました。

同じ時間を費やすなら、もっと自由に仕事をしたい、仕事でもっと自分らしさを表現したい、それを実現するには独立するのが一番だという結論に至ったのです。

パートナーやそれぞれの両親などに相談すると、私の思いを理解して、応援するよと言ってくれました。

当時、女性建築家はごくわずかで、その上、独立して起業する人はほとんどいなかったので、私はとてもラッキーだったと思います。

私が独立したいと思った一番の理由は、自分にとっての居場所が欲しかったのと、自由に仕事をしたかったからです。

働くときはしっかり働き、休むときはしっかり休み、ベストコンディションでクリエイティブな仕事をしたいと思ったのです。

思うようにいかずに身体を壊してしまう

独立したら、やりたいことをやろうと張り切っていましたし、自分ではうまくやれる自信もあったのですが、いざ働き始めるとすぐに、思い通りにいかないことを痛感しました。

依頼してくださった仕事を断らずにすべて受けていたら、どんどん忙しくなってしまいました。気づくと、雇われていた時と同じように時間に追われ、まったく自由にならないのです。

物理的に時間が足りないので、朝早く事務所に出向き、帰宅は深夜になることが多くなりました。十分に身体の疲れが取れないまま、翌日はまた仕事に行き、1日フルコミットして働くことの繰り返し。次第に心身のバランスが崩れていったのです。

やりたい仕事を自分のペースでしたいと思って独立したのに、思った通りにならないどころか、身体はどんどん悲鳴を上げていきました。

ある日突然、このような出来事に直面しました。

夫と友人と共に、ゴールデンウィークに3人で旅行に行く予定を立てていたのですが、出かける日の朝、目が覚めたら身体が動かず、ベッドから起き上がれないのです。

旅行どころではありません。トイレには床を這《は》っていく始末。連休中で医療機関も開いていないため、結局、ひたすら寝て過ごしていました。

そんなことがあってから、オーバーワークにならないよう気をつけるようになりました。絶対に無理をしないよう意識していましたが、やっぱり依頼があれば仕事を引き受けてしまうのです。

この頃は、忙しくてストレスが溜まってくると、反動で高級ブランド品をまとめて買う、休みを無理に作ってビジネスクラスで海外旅行に出かけるなど、自分で稼いだお金を思いっきり使うことで、気持ちを満たしていました。一瞬の喜びや楽しみを味わうことで、バランスを取っていたのです。

そんな状況でしたから、働いても働いても、なかなかお金は貯《た》まりませんでした。

パートナーとの別れ、そして新たなスタート

独立して2年ほどした頃、なんとか保たれていた私とパートナーのバランスが、危うくなってしまいました。

私同様、パートナーもかなり忙しく、夫婦で一緒に食事をすることがほとんどなく、典型的なすれ違いカップルでした。

コミュニケーションが取れなくなると、会話も弾まないし楽しくない。私の中で、彼と一緒にいる意味がなくなってしまったのです。

相手も同じように感じていて、どちらからともなく別れようという話になりました。お互いの幸せな人生のために、新しいスタートをきることがベストな選択だと同意ができ、すんなりと離婚が成立しました。

「本当はどうしたい？」という自分への問いかけに対して、「自由でいたい」「自分らしくありたい」という本心を確かめた上で、別れるという結論に至ったのです。

改めて振り返ると、いくつかの困難を乗り越えることで「本当の自分の声に従う」というヒーリングデザインの考え方が、私の中では当たり前になっていったように思います。

離婚したことで、私の会社の社名を変える必要がありました。というのも、社名が元夫の姓だったからです。本当の意味での自立だと思い、一から自分の会社を創ることにしました。

この時初めて、自分がどういうコンセプトの会社を創りたくて、どういうことを社会に提供していきたいのかということを真剣に考え、社名もかなりこだわって考えました。

そうして新たに誕生したのが、ナウミスペース（株）という会社です。

「Ｎｏｗ（ナウ）＝今」

「Ｍｅ（ミー）＝私（自分）」

「Ｓｐａｃｅ（スペース）＝空間」

つまり、「今を生きるための私の空間」であり「自分の居場所で今を生きる」という意味を込めました。

それは、会社自体が常に今を生きていて、関わる人々も今を生きることで、豊かにエネルギーが循環するようにということ。そして自分も会社も「今を生きる場」でありたいと願い、常に思い続けられるようにと、そんな願いも込めているのです。

人生において「あれがターニングポイントだった」と思える出来事が、誰にもあると思いますが、私にとっては、自分の会社「ナウミスペース（株）」を設立したことが、最大のターニングポイントだと自覚しています。

4 仕事の忙しさと体調の悪化

より深まった「エネルギー」への関心

自由で安らげる居場所で建築の仕事ができるのは、私にとって何より幸せなことだと、ナウミスペースをスタートした時は本当にワクワクしました。

正真正銘、私一人のスタート。誰にも頼らず、生活をするためにお金もしっかり稼がなければなりません。

今度は仕事が来るのを待つだけでなく、こちらから営業することにしました。自分の新しい会社名をお知らせする案内状を出したり、人に会いに行ったりしました。

あの人に会いに行こう、あの人なら助けてくれるだろう、と思った方には、「このようなお仕事がいただけたら嬉しいし、助かります」とこちらの望みをあいまいにせず、正直に伝えることを大切にしました。

いろいろな方に、ご協力いただいたおかげで、順当に仕事が入ってきました。

けれど、正直なところ、中には自分には向いていない、どうしてもやりたくないと思える仕事もありました。けれどこのときばかりは、会社が軌道に乗るまで「食べるためにはしょうがない」と割り切ってお受けしました。

本当はその仕事はやりたくない。自分の本音は、そう言っているのはわかっていましたが、断ることができずにしばらく続けました。

「やっぱりやりたくない」という気持ちがはっきりしたので、他の仕事が入ってくるようになったのを機に、その仕事を辞める決断をしました。

そのような状況の中で、大小様々な空間を設計・デザインしてきましたが、やればやるほど、私の中で「もっと人の力を引き出す空間を創れるのでは？」という思いが強くなっていきました。

それで、空間を創り出す、人・物・環境の持つエネルギーについて、いろいろと研究を始めました。

空間におけるエネルギーの流れを扱う情報として、「風水」や「家相」についても学びましたが、それは物や環境のエネルギーが人にどう作用するか、理論ではなく実践的な方法を知りたいと思ったからです。

一人ひとりにあった、よりパーソナルな形で活用できる叡智《えいち》を探求するうちに、人がもともと持っている「スピリット（精神）」のエネルギーにも注目するようになりました。

こうした目に見えないエネルギーに対する興味が、さらに深まったきっかけは、私自身の身体の不調でした。

先にもお伝えした通り、たびたびオーバーワークで体調不良に陥っていたのですが、瞑想や呼吸法を日課として実践することで、心身のバランスをなんとか取りながら持ちこたえていました。

体調不良でダウン、身体からのシグナルに気づく

再出発してしばらくは、1人で仕事をしていたのですが、かなり忙しくなったため、親しい友人に状況を話すと、ボランティアで事務所に手伝いに来てくれるようになりました。

図面が描けるわけじゃないし、建築のこともまるでわからないのですが、部屋の掃除、ペンや文房具の整理整頓、ちょっとしたおつかい、郵便局や銀行で

の支払いなどを代わりにやってくれたので、とても助かりました。

和気藹々《わきあいあい》とした雰囲気で、あの頃は楽しかったなぁと懐かしく思い出します。

その後も順調に仕事が増えてきて、毎月ある程度の売り上げが見込めるようになり、正式に社員を雇うことにしました。

小さな仕事でもたくさんやれば、まとまったお金になります。

仕事が増えれば増えただけ収入が増え、辞めれば収入が減ることが目に見えて明らかでしたから、私は仕事をどんどん増やしていきました。そして社員も徐々に増えていきました。

真面目に丁寧に仕事をやれば、順当に仕事が増えましたし、慣れるとスピードもアップして、効率的に働くことができました。充実感もあったので、やれるだけがんばろうと思って、ひたすら働きました。

けれど私は、これまでに何度もがんばりすぎて、体調を崩しているにもかかわらず、なかなか自分の限界に気づけず、やりすぎてしまう傾向がありました。

気づいたら、再びストレス過多で睡眠障害に陥ってしまっていたのです。

昼間は集中力がもたない、夜は疲れているのに眠れないという感じで、どうにも疲れが取れません。

ある日とうとう倒れてしまい、「もうこれ以上は嫌だ」と自分の心と身体が叫んでいることに、ようやく気がついたのです。

第４章
「ヒーリングデザイン」の完成

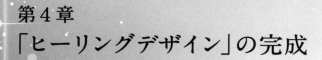

ヒーリングの施術を受けるためにアメリカへ

自分の体調を整えることが最優先課題となり、私は本気であらゆる情報を探し求めました。すると、たまたま見た雑誌の記事で、なぜか「ヒーリング」というワードにピンときたのです。

それで、記事で紹介されていた人物に会いに、アメリカ・アリゾナ州のセドナというところまで行きました。

生まれて初めてヒーリングの施術を受けたのですが、何ヵ月ぶりかでぐっすりと眠ることができ、身体がみるみるうちに元気になりました。

そのとき私が受けたのが「エネルギーヒーリング」というもので、中医学で行われている「気功《きこう》」(体内の「気」と呼ばれるエネルギーを活性化する)と同様の代替療法の一つでした。

これは身体全体を一つの物として捉え、エネルギーの流れを整えることで自然治癒力や免疫力を引き出し、本来のバランスの取れた状態に身体を導く施術でした。

その体験で気づいたのです。

バランスが取れているのが私たち人間の本来の姿で、不調になるのは「本質」からズレているからなのだと……。

それをきっかけに私は、「スピリット」という言葉を「精神」という本来の意味の他に、「本質」を意味するものとして理解するようになりました。

そして、このセドナでのヒーリング体験は、私の人生のターニングポイントになり、「ヒーリングデザイン」を考案するきっかけになりました。

またそれは、それまでの私が仕事に追われ、自分の身体を大切にしていなかったということ、仕事以外の生活を心から楽しんでこなかったことに気がついたという意味でもあります。

自分自身の本質とは違う生き方をしてきてしまったことがわかって、改めて生き方を見直すことができました。

独自に探求してきた「空間エネルギー」に関しても、それまでとはまったく違う環境の中に身を置いて、静かに自分だけを見つめることができたこともあり、別の角度から物事を捉えられるようになりました。

人や物、環境は固有のエネルギーを持ち、それだけでも独自の空間が生まれること、さらにそれがうまく共鳴することで「癒しの空間」が生まれるということがわかって、一人ひとりが認識できる「パーソナルな癒しの空間づくり」が重要なのだと確信しました。

人は、ありのままの自分を表現するようになると、その人らしい空間が生まれます。つまり、自分の本質を気兼ねなく出せる空間にいることで深く癒されて、自然と本来備わっている力が引き出されるのです。

6カ月かけて「ヒーリング」を取得

ここから私の人生は、それまでとは違う展開になっていきました。

生まれて初めての癒しの体験で、価値観がガラッと変わったというのが一番の理由です。私は典型的な仕事人間で、脇目も振らずに走り続けてきたので、リラックスすることや力を抜くことをまるで知らなかったのです。

歩みを止めたらおしまいだと思っていました。

とにかく働くことにがむしゃらだった私が、

「もっとリラックスして人生を楽しんでいい」

「力を抜いた方が本当の自分らしさが現れる」

と本質的なことに気づいたわけです。そして「ヒーリングはすごい。その本質が知りたい。できることなら習得したい」という気持ちになりました。

とにかくそう思ったなら行動するしかないと、アメリカへ本格的にヒーリングを習いに行くことにしたのです。

昔から何かに興味を持つと、ものすごい集中力で突き進むタイプの私は、ヒーリングのことしか頭にありませんでした。

すぐ周りの友人たちに「こんな面白いものがあるから一緒に習ってみない？」と声をかけて数人を集めると、セドナのヒーラー（宇宙のエネルギーや生命のエネルギーを活用しながら、人を癒す職業の人）に直談判《じかだんぱん》して特別講座を開いてもらうことになりました。

英語がわからないので通訳を手配し、本気で学ぶ体制を作りました。

日本とアメリカを2～3度行き来しながら、半年にわたってアメリカで暮らして、ヒーリング（癒し）の理論とテクニックを、ヒーラー直伝で習ってきたのです。

留守の間、建築の仕事は社員たちに任せ、必要に応じて電話で打ち合わせをしていました。建築の仕事からこれほど距離を置いたのは初めてで、新鮮な感覚でした。自分が不在でもなんとか仕事は回ることがわかって、それも新たな気づきでした。

ヒーリングが仕事になるまでの葛藤

帰国したばかりの私は、宝物を持ち帰ったような感覚で、興奮気味に会う人会う人にヒーリングの話をしていました。

するとみんなが興味を持ち、「ぜひ受けてみたい」と口々に言ってくれたのです。私もせっかく習得したことを試したいと思ったので、友人知人に望まれるままにヒーリングを伝えることにしました。

まずヒーリングをする際に、きちんと代金をいただくことを伝えました。こちらが行うヒーリングという労力に対して、相手からお金をいただくことで、フィフティフィフティの関係が成り立つからです。人数が増えることが予測できたので、そこは慎重に対応しました。

一度受けてくれた人には、「元気になった」「悩みがちだったのが前向きになれた」と好評で、面白いことに口コミでどんどん広がっていったのです。

次々にヒーリングを受けたいと依頼が来るので、最初は週末や平日の退社後などに行っていましたが、だんだん時間を増やさないと対応できなくなっていきました。好奇心だけで習いに行ったヒーリングが、新たな収入源になろうとしていたのです。

このときも私は、目の前の出来事に流されるのではなく、「本当はどうしたいのか？」と、本心を見極めることを忘れませんでした。

私にとって建築家という仕事は、そこまで長年築いてきたキャリアがあり、自分を表現する意味で最も大事なものです。

一方のヒーリングは、もともと持っていた私の感性や直感力を活かせるもので、やっていて楽しいし、何より人が喜んでくれることが目に見えてわかるのが嬉しかったのです。

本心では、楽しいしワクワクする方を選ぶ方がいいと思っていても、状況を考えて、初めのうちは2つの仕事を並行して進めていました。

でも、中途半端にしたくないという思いもあり、どちらかをきっぱりと辞めるべきなのかと悩み始めました。

それまで築いてきた人間関係、社会的な信用、社員や職場の環境など、調整すべきことが多く、それらを無視するわけにいかなかったので、結論を出すまで半年以上は考え続けたと思います。

「時間は限られていて、2つのことを同時にできない。人が喜んでくれるのだから、今は多くの人に望まれることをやったらいいのでは?」

そんな答えに行き着き、私はヒーリングを中心に仕事をしてみることにしました。そう決めると、建築の仕事は自然と減っていく流れになりました

日本人の感性に合ったオリジナルな手法を確立

そもそも私の根本には「人を幸せにしたい」という思いがあって、それを果たすことが、自分の喜びであり幸せでした。人を癒すことは、私に合っていて喜びが実感できたのです。

その後、直感力を使ったカウンセリングの資格をカリフォルニアで取得したのですが、それも多くの人を癒したいと思ったからです。

ヒーリングをやっていく上で、プログラム自体も試行錯誤を重ねました。

帰国してすぐ何人かに行って気づいたのですが、アメリカで学んだヒーリングの手法は、スピリチュアルな概念を軸に相手のエネルギーを引き出すもので、どちらかといえば欧米人向きでした。そのまま日本人にアプローチしても、効果的ではないと感じたのです。

もともと日本人は繊細な人が多く、相手の思っていることや気配を言葉なしに感じ取る力を持ち合わせ、非常に感受性が豊かです。それなのに、スピリチュアルな考え方を取り入れようとすると思考が働くので概念的になり、ハートが緩みきれないのです。せっかくの柔軟な感性が活かされず、リラックス状態にならないので、結局、癒しが起きにくいわけです。

日本人の感性に合わせた手法にした方が、ヒーリング効果が高まるに違いない、それを多くの人に伝えて、みんなをもっと笑顔にしたいと、私はそんなふうに思いました。

そこで私は、自分自身が長年やって効果を実感していた「呼吸法」とノートなどに「書く（描く）こと」をベースに盛り込み、誰でも実践できるシンプルで簡単な方法を考えました。

スピリチュアルにとらわれないオリジナルな方法として、「相邑美佐江のヒーリングデザイン」を確立しました。

この本でお伝えしている「ヒーリングデザイン」のメソッドは、こうして誕生したのです。その後、必要に応じて改善を重ねてきて、今に至ります。

伝え始めてすぐに、噂《うわさ》を聞いた多くの人から、講座を受けたいという問い合わせが来るようになりました。

人々が必要としているのなら、ヒーリングができる人を育てた方がいいだろう、その人たちが自分で「ヒーリングデザイン」を使いこなせるように教えるのもいいだろう、ということで、思いきってヒーリングスクールを開校することにしたのです。

多くの人が求めていた時代の流れもあり、ヒーリングスクールはすぐに軌道に乗り、いつも多くの生徒で賑《にぎ》わっていました。

生徒が増えると、当然それに応じて、社員を増やす必要がありました。いろいろな人が会社に入ってきましたが、その都度、調和を取りながら、お互いに学ぶことを大切にして、スクール経営を続けました。

また、私のもとには講演会の依頼、雑誌の取材や執筆の依頼などの仕事も入って来るようになり、忙しくも充実した日々となりました。

いくつかの雑誌で連載を持ち、講演会なども多数行いましたが、特に自分で宣伝をしなくても、人が人を呼ぶという感じで、大人気スクールになっていったのです。

スクールを解散し、再び建築の仕事へ

ヒーリングスクールが軌道に乗り、社員たちがうまく講座を動かしてくれるようになると、私は自分のペースで仕事ができるようになりました。

建築やコンサルタントの仕事を再開したのですが、以前のように仕事に追われるのではなく、オフの日には、国内各地を旅して、年に2～3度、海外旅行に出かけるなどして、時間が自由に使えるようになったのです。

日常を離れて美しい街並みや景色を眺めることでリラックスでき、開放感に浸れるのはもちろん、視野を広げること、感性を磨くことにも役立っていたと思います。

ヒーリングスクールは、かれこれ20年続き、非常に多くの方に「ヒーリングデザイン」をお伝えすることができました。

「まえがき」でもお伝えしましたが、２００３年には著書『相《あい》邑《む》美《み》佐《さ》江《え》のヒーリングデザイン 衣食住をデザインする』を出版。ヒーリングデザインのポイントをわかりやすく説いた内容で、好評をいただきました。バイブルだとして、

今も愛読してくださる方がいるのは嬉しい限りです。

そして、今から10年ほど前に、再び建築やコンサルタントの仕事が増えてきたこともあってスクールは解散しましたが、「ヒーリングデザイン」の講義などを希望される方にはマンツーマンでお伝えしています。

一度は建築の仕事から離れたこともありましたが、逆にそのことがあって、仕事の面白さを改めて知ることになったと思います。

仕事量が調整でき、気持ちが落ち着いて先が見通せるようになると、より自由を感じるようになりました。

お伝えしてきたように、私は若い頃から思い通りの人生を歩んできたわけではありませんし、人知れず悩んだことも、辛く苦しいと思う時もたくさんありました。

けれど常に目の前のことに真摯に向き合い、自分を信じて行動してきたわけです。私はそうやって生きてきたからこそ、「なりたい自分」になれたのだと思います。

第５章
「ヒーリングデザイン」で働き方の夢がかなう

後輩からの注文住宅の依頼

私は、個人の方から、住宅の設計を依頼されることがよくありました。

現在の「街づくりプロデューサー」として大きなプロジェクトを手がける前のことですが、そのような小さな仕事のアイデアの根っこは、積み重なって今の仕事にも生きているように思います。

家を設計するときには、その家で暮らす方にとっての「居場所を作ること」が、とても大切だと思っています。

私にとって家づくりというのは、そこに暮らす人の思いを正確にくみ取り、専門家である私が自分の持つ力を尽くして形にすること。なおかつお客様と喜びを共有できる、とてもやりがいを感じる仕事なのです。

私にとっては既製品の住まいではなく、お客様が望む注文住宅を建てることは、クリエイティビティを発揮できるものです。実際の作業としてはかなり大変で、その労力に比べてそれほど利益はないものですが、収入を得ること以上に大きな喜びがあり、とても大切な仕事です。

これまで多くの住まいを手がけてきましたが、特に印象に残っている注文住宅のことをお話ししたいと思います。

私が独立して会社を立ち上げた初期の頃、今から32年前に、1人の女性から家を建てたいと依頼がありました。

彼女は大学の1年後輩で、しかも同じ高校出身ということで縁を感じ、私のことを信頼し続けてくれた人。第2章で私の安心できる居場所として、ご紹介した女性です。しばらく連絡を取り合っていなかったので、久しぶりの再会でした。

彼女の話によれば、学生当時、私の話していた言葉のいくつかがとても印象に残っていたそうで、卒業してからもずっと忘れられず、私のことを思い続けてくれていたのだそうです。それはこんなエピソードでした。

すでにお伝えした通り、私は大学2年の時、家の事情で学費を払えない状況になったのですが、当時、そのことは、ごく一部の人にしか話していませんでした。

「父の仕事が大変になって、私はもう大学を辞めなければならないの。本当は辞めたくないけど、弟2人を大学に行かせなければならないから、大学を辞めたら私が働いて2人の学費を稼ごうと思っている」

自分ではまったく覚えていないのですが、私を慕ってくれていた彼女には、当初、大学を辞める覚悟でそのようなことを話していたようです。

実際には、私は大学を辞めずに卒業することができ、弟たちの学費はなんとか親が工面して、無事に危機を乗り越えたのですが。

また、学生当時から私は、

「家に住む人たちが幸せにならなくちゃいけない」

「ただきれいに家を建てるのではなく、家が家族にフィットすること。それが一番大事……」

などと、口にしていたそうなのです。

私が話す様々なことを聞いて、彼女は、

「この方はすごい。きっと私の人生を変えてくれるに違いないと思った」

と話してくれました。

私の話したことが彼女の心に残り、ずっと覚えてくれていたのはとても嬉しいことでした。

桜の名所に調和するピンクの外観の家

彼女は社会人になってから、数年ほどで結婚して子どもが生まれ、幸せな家庭を築いていました。

ご家族と相談して家を建てようということになった時、お願いするなら私以外に考えられないと連絡をくれたのでした。

建築家として経験と実績がある人なら他に大勢いますが、そういうことではなく、彼女は私への信頼と共感を大切にして依頼してくれたようでした。

私は、どんな仕事でも、依頼を受けると、まず相手のお話をじっくりと伺うことにしています。家族構成や生活の様子、好みやこだわりなど、その方のことを理解し、思いを受け止めるためです。

その上で、完成した家でどんな日常生活を送ることになるのか、いろいろなイメージを膨らませ、ご家族にふさわしい住まいを設計していくのです。

久しぶりの再会ということもあり、今の生活、ご希望などを詳しく話してもらうことになりました。そこでは、こんなことがわかりました。

彼女のお子さんが女の子だということ、そして周辺が桜の名所になっていることでした。私にはすぐに、外観がピンク色（桜色）の住まいのアイデアが浮かびました。

この家が、街並みの一部として調和し、道ゆく人たちにも安らぎを感じてもらえるような、優しい雰囲気の家にしようと思ったのです。

この提案の同意を得て、実際、完成したときは近所でもかなり評判で、よく保育園と間違われたのだとか。優しい雰囲気というのはちゃんと伝わっていたようで、とても嬉しく思います。

お子さんはまだ保育園児で、家の中で家事をする際に、いつも子どもたちへ目が届くようにしたいとおっしゃったので、カウンターキッチンにして、さらにリビングから2階へ上がる階段をつけました。

どちらもその当時ではかなり斬新でしたが、動線や機能性を考えてそういう設計にしたのです。

また、リビングには吹き抜けの広々とした空間を作り、外観になだらかな曲線を取り入れるなど、ハイセンスなデザインにもこだわりました。

完成した時、ご家族みんながとても喜んでくれました。幼いお嬢さんが私のことを「みみお姉ちゃん（名前の美佐江から「みみ」と呼ばれていました）」と呼んで慕ってくれて、嬉しそうに部屋の中を駆け回っていた姿を懐かしく思い出します。

テレビ番組『渡辺篤史の建もの探訪』で紹介

完成した家は、こだわりの住まいを紹介するテレビ番組、『渡辺篤史の建もの探訪』（テレビ朝日）で取り上げられました。

自慢の家を紹介してもらえるとあって、オーナーにとっては憧れの番組、しかも今も続いている長寿番組です。

実は彼女が最初の相談にみえたとき、「テレビに出るような家にしてほしい」

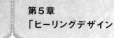

とちらっと言ったことが、私の頭の片隅にずっとあったのです。それで家が完成した時、テレビ局に自薦する形で情報提供したのでした。

実際に撮影の取材を受けて、家が番組で紹介された時、「夢がかなった」ととても喜んでもらえました。

そして、長いこと住み続けた今も、「色彩だけでなく曲線の融合が素晴らしい外観ですが、それが内観にも活かされているので、部屋全体がいつも優しい温もりに包まれています。また、リビングの天井は大きな曲線の吹き抜けになっているので、開放的で、穏やかな気持ちで日々を過ごすことができています。私は、この家に暮らすことができて本当に幸せです」と言ってもらっています。

さらに「(大学時代に)この方は、私の人生を変えてくれる」と思った通りだったと……。そんなことを言ってもらえて、とても嬉しく誇らしく思います。

そして、成人された娘さんが「私も家を建てる時は、みみお姉ちゃんにお願いしたい」と言ってくれているので、それを楽しみにしています。

手がけた建物は私自身の作品であり、子どものようなものですが、そこに住む方々が安らぎを感じ、日々の暮らしに満足してくれることで命が吹き込まれて初めて、私の役目が果たせるのです。

住まいづくりや街づくりを通して、多くの人を幸せにすることが、私の一番やりたいことだと実感しています。求められる限り、私の情熱はずっと変わらないのです。

信頼関係を大切にして、長くおつきあいするために

建築家であっても街づくりプロデューサーであっても、一番重要なのは人とのコミュニケーションだと私は実感しています。きっとこれは、どの仕事にも共通することでしょう。

仕事をする上で、お客様との信頼関係が大事というのは当然のこと。良好な関係を築くために、私は相手の立場に立って物事を考えるよう意識しています。

ビジネスの形としては、私がお客様からお金をいただくわけですが、相手がそれに見合う価値や喜び、満足を実感してもらえるものを提供するように務め、

共に喜びの瞬間が生まれるのを大切にしたいのです。

私はひたすら相手の話を聞いて、その方が求めるものに寄り添うことをします。最初から自分のアイデアを伝え、納得させてしまう建築家もいますが、それは名前の知られたトップクラスの一部の人の話。

私は、目の前の方が何を求めているのか、何を大切にしているのか、どうしたいのか、まず相手の話をとにかく聞きます。そして、聞いた話をそのまま形にするのではなく、そこに付加価値をつけていきます。そうでなければ意味がなく、それがクリエイティブを発揮するポイントなのです。

アイデアを起こす際は、スケッチを何十枚も何百枚も描きます。そうすると、自分がいいと思えるものが出てきますので、たくさん描いた中から、数点に絞り込んで提案するのです。

決して自分がベストと思う案を押し付けたりせず、相手の望みに沿うことを優先します。それで納得してもらえなければ、オーケーが出るまで何度も提案して、最終的にこれが良いとお互いに思うところに帰結させます。

例えば、絶対に玄関は1階と思っている人でも、あえて違うパターンをいくつかお見せすると、2階が玄関の案が良いと言われることはよくあるのです。

相手の本当の思いを引き出すのは一番大事なコミュニケーションで、難しい時もあります。人は言っていることと違うことを、本当は望んでいる場合があるからです。

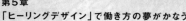

建築家のキャリアを活かす仕事が舞い込んだ

このようにして仕事を続けていると、建物だけでなく街全体を考えることができる「街づくりプロデューサー」の大きな仕事（プロジェクト）をいただけることになりました。

けれど、最初はそのようなご依頼ではなかったのです。

クライアントさんとは親しい間柄でしたが、仕事であることを踏まえ、相談の段階からきちんと相談料をいただき、プロの立場としての対応をさせていただくことになりました。

ご相談の内容は、先祖代々引き継いだ広大な土地を管理し、一部を駐車場として活用しているが、収入面や税金対策を考えて、このまま駐車場を続けるのがいいのか意見を聞きたい、他にアイデアがあれば教えてほしい、というものでした。

土地という先祖から引き継いだ財産をどうするかは、人生の大きな選択です。その方は地域で知られた地主の家系。資産家の方は、この手のことをなかなか人に相談しにくいものです。悩みに悩んだ末、「信頼できる人の意見を聞きたい」と建築家である私に相談を持って来られたのです。

土地の図面を持参して、それを見ながら説明してくださいました。

現在、駐車場になっているところは、広大な土地のごく一部を利用したもの。道路に面した角地で、駅から数分ということもあり、高く評価される土地とのことでした。それは、建築をやっている人間にはすぐわかりました。

駐車場以外の広い土地は農地として利用していて、そのご家族は農業で生計を立てていたのです。

駅から近く利便性も高いことから、大型の商業施設にしたらどうかという提案を、大手のデベロッパー（不動産開発業者）から何度か受けていたそうです。

また、他にも多くの会社から様々なアプローチがあり、いろいろと好条件の話を聞かされたものの、どうしてもしっくりこなかったのだとか。

お話を伺い、私はその方と親族の方々にとって、何がベストかを集中して考えました。

長年、建築家として培った経験とキャリアが、この時とばかりにフル稼働。プロとしての経験上、土地の図面を見れば大体のことがわかります。

広い土地の一角にある角地だけをなんとかしようとしても意味がなく、もしそこに建物を建ててしまった場合には、他の土地は活かすことができなくなってしまいます。

全体を俯瞰して空間を見定め、さらに街がどう変化していくかという時間軸でも捉えて、あらゆる可能性を見る必要があります。

いろいろな案が考えられましたが、私がベストだと思ったのは、高級賃貸マンションを建設すること。農地全体を宅地に変えて、段階的に複数の棟を建てるというものです。というのも、家業である農業は、担い手だったお父さまがお亡くなりになったこともあり、今後は規模を縮小したいと考えていたようだったからです。

空間にゆとりを持ち、周囲に多くの緑を配した、季節ごとに美しい街並みを彩ってくれる建物のイメージが、リアルに浮かんできたのです。

駅から近い賃貸マンションであれば、月々の収入を生み出し続けてくれますし、次の世代にもわたって自然を残しながら、住む方々とその街全体に、豊かさと癒しをもたらすことができます。

お会いしてわずか1時間後には、土地を利用した賃貸マンション建設のコンセプトを、実現性の高い具体的なプランと共に、その方の前に提示しました。

「土地全体を使って、賃貸マンションを建てましょう」

こう伝えた時、その発想はまったくなかったと、とても驚いていました。けれど、土地を売らずに済むとわかると、緊張感からすっかり解放され、穏やかな表情になっていました。

「人々に住むところを提供することは、とても大きな貢献になります。同時に街の人々に対しても、癒しや活気をもたらします。あなたがこれを建てることは、未来につながる大きな社会貢献になりますよ」

そうお伝えすると、その方は納得された様子でしたが、即答を避け、家族と相談してから決めたいと言って帰って行かれました。

後日、「多くの方に喜んでもらえるなら、私も嬉しい。このプランで話を進めてください」とご連絡をいただきました。

ありがたいことに、その瞬間、私にとっても大きなプロジェクトが立ち上がったことになります。建築家のキャリアの集大成になるだろうと思いました。

高級賃貸マンション建設のプロジェクトが始動

さて、仕事の体制が整ってくると、賃貸マンション建設に向けて、様々なことが同時進行で動き始めました。

全体の事業計画を立てることに始まり、自治体の法令の確認、土地の測量、建物の設計やデザインなど、プロデューサーとしてやるべきことは多岐にわたりました。

スタートから乗り越えなければならないハードルがいくつもありました。

まず困ったことに、請け負ってくれる住宅メーカーが見つからなかったのです。というのも、その頃は東京オリンピック開催に向けて社会全体が動いていた時期で、あらゆる建設会社がオリンピック施設関連の仕事で、すでにいっぱいだったのです。

大型マンションですから、構造や工法などの確かな技術力と実績があり、どんなことにも対応できる柔軟性と、高い信頼性のある企業に依頼するべきだと思いました。

でも、それどころではなく、知り合いの建設会社をいくつか当たりましたが、今は職人も技術者も手配できないと、断られてしまったのです。

そんな状況の中で、唯一、プラスの回答をくれたのが、マンション建築で業界トップの大手の建設会社でした。

「お話を聞かせてください。伺います」と言ってくださって、困り果てていた私にはまさに救いの神。阪神・淡路大震災、東日本大震災でも、傾いたり倒れたりしなかったと、地震に強いことは業界で有名な会社でした。

「この会社なら理想の素晴らしい住まいができる」と確信し、一気に未来が開けたのです。

初顔合わせの打ち合わせで、私はオーナーさんの土地を大事にしたいという思いや、このマンションが美しい街づくりの一助となることなど、未来の可能性も含めたビジョンをお話ししました。すると、その場にいた皆さんが共感してくださって、一気に話がまとまりました。

建物を一つ建てて終わりではなく、プロジェクトは長期プランです。マンションの管理やメンテナンス、緑化や街づくりということでも、建設会社が全面的に協力してくださることになり、オーナーさんは安心されていました。

さらに、取り引きをする銀行の手配や信頼できる税理士さんを紹介するなど、人脈を駆使して進めていきました。

「街づくりプロデューサー」として味わう仕事の面白さ

関わる人々の調和を図り、信頼関係を作り出すことは、プロジェクトを成功に導く上でとても重要です。

また、建築家は法律のことも知っていなければ仕事になりません。建築基準法、建築施工法、消防法、他に自治体の条例もあります。

土地に建物を建てる際、法律や条件をクリアするのがとても大変で、厄介なことに、自治体によって土地利用や建築に関する条例が異なるのです。これも超えなければならないハードルです。

例えば、建物を1棟建てたなら、1年は空けないと次の建物を建てられないのですが、これは住宅ではなく、開発行為とみなされるなど、規制がある場合も……。日照権のこと、緑地の確保すべき広さなど、守るべき決まりがあるのはもちろん、土地が広大になるほど大変で、何度も役所に足を運ぶ必要がありました。建設会社の建築士さん、税理士さんとも連携し、私は徹底的に必要な情報を調べました。

美しい街並みや自然景観の保護、街全体の活性化、人口増加で税収につながるなど、マンションを建てる影響は多方面にわたって非常に大きいのです。

私の中では、そのマンションで暮らす人々の幸せはもちろん、街全体が豊かに発展し続けてほしいという願いが、どんどん溢れてきました。

どういうステップで土地を拓《ひら》き、建物を建てるのがベストなのか、綿密にプランを立てていきました。

大事なことは、目に見える形の部分と、目に見えないエネルギーの部分のバランスです。エネルギーについて探求してきたことは、他の人にはない私の強みだと思っています。

配電・排水・設備・建物の構造・外構工事など、全体的な基本の設計を施工業者と協議し、現場の作業に必要な詳細図面は、施工担当者に作成してもらいます。

私はプロデューサーとして指示を出すだけだとしても、すべて勉強してわかっていなければ、トータルの設計はできないし、現場所長さんに伝えられません。そこは長年、培ってきたものが活きるのです。

条例に基づいて、土地における建物の配置、大きさなどを決めたりして、およそスケジュールが決まってくると、いよいよ建物の設計の仕事に入っていきます。

空間デザインにおいて私は、安心できる場所づくりを意識し、居心地の良さ、空間の広がり、豊かさと自由を感じられることを大事にしています。

例えば、一つの部屋を作る場合、どの壁紙を使い、色味をどうするか、床材を何の木にするか、扉はどのデザインが良いか、窓枠は何色がいいかなど、決めることが山ほどあります。

今回の仕事でも、内装、外壁、設備（台所、浴室、トイレ）など、一つひとつにこだわりを持って選びました。

私は、色に関する勉強をしてきたこともあり、建築における色の組み合わせなどにはこだわりがあって、温もりのある材料を選ぶようにしています。

また、私の場合、たくさんある中から直観的に選び、「素材はこれ、色はこれ」とサクサク決めていきます。

私のそんな様子を見ていた建設会社の方は、「今までいろんな建築家さんと仕事をしましたが、こんなに早く進める人は初めてです」と驚いていました。

大抵の建築家は、組み合わせを考えたり値段を考えたりして迷い、すぐに決められないものなのですが、私はいっさい迷うことなくチョイスをして、それがトータル的にも調和してまとまりがつくので、なおさら驚かれます。

それができるのは、自分自身の感覚をすぐに引き出すことができるからです。なぜならヒーリングデザインのやり方に慣れているので、仕事においても自然と応用できているわけです。

私は、「街づくりプロデューサー」というのは、プロジェクト全体の流れを計画し、それぞれ専門職の人たちの力を引き出し、統合して一つにまとめていくリーダーだと思っています。

たとえるならオーケストラの指揮者のようなもので、良いものを作り出すには、全体の調和が大切だということを意識していました。

関わったすべての方が、持てる知識と経験、技術力をいかんなく発揮し、業界トップのプロ集団としてのプライドを持って、自分の任務にあたり最善を尽くしてくれました。私は皆さんを信頼して任せることで、指揮官としての役目を果たすことができたのです。

健康で豊かな住まいの理想形が完成

こうして、私が最初にビジョンで思い描いた通りの、健康で豊かな住まいの理想形が2021年に完成しました。

これまでのキャリアの集大成ともいえる仕事でした。

私が総合プロデュースした高級賃貸マンションの名前を、「トラープランド翠命館《すいめいかん》」と命名しました。人生を楽しみながら、翡翠《ひすい》の緑のように光輝き、生命がどこまでも発展していくという意味です。

建物の周りには、たくさんの樹木や花の咲く植物を配置しました。緑が繁《しげ》る自然の中にトラープランド翠命館はあり、また、道路に面した1階は店舗になっています。

建物は、それだけでは単なる箱にすぎず、そこに人が存在して初めて命が吹き込まれます。生活したり、仕事をしたり、様々な営みがあることで、建物の中の空間にエネルギーが循環するわけです。

目に見える形の部分と、目に見えない（心が満足する）部分を重視すること。

さらに私が大切にしているのは、建物とその周辺を含め、人が安心した気持ちで居心地の良さを感じる空間をデザインすることです。

例えば、マンションのエントランス（正面玄関）は最初に人を迎える場所なので、できるだけゆったり広めにスペースを取り、癒しを感じられる空間にすることを心がけています。

そしてマンション入口は、天井が吹き抜けのギャラリーになっており、照明も配置されていて、実際に絵が何点か飾られています。

実は、この絵は私が描いたもので、事務所に飾っていたものをオーナーさんがご覧になって大変気に入り、ぜひマンションの玄関に飾りたいと言ってくださったのです。癒しを感じられるアプローチになったと言っていただき、大変嬉しく思っています。

またマンション１棟を建てるときには、建物の外装や内装のデザインのみならず、周辺に植栽を配置して景観の調和を図るなどして、街並み全体を俯瞰してデザインします。

建物や街並みの30年後、50年後の姿も思い描き、どのように人々や地域に貢献できるのかを考えるなど、広い視野で捉えるプランニング力が大事だと考えています。

とにかく分譲マンションに引けを取らない、空間の広がりや設備、仕様にとことんこだわりました。外観のシンプルで美しいデザインは高級感が漂い、エントランスロビーを広く取って豊かさを演出し、分譲仕様の材料にもこだわっています。一歩足を踏み入れた方は、これが賃貸かと驚かれます。

それほどのものを形にできたのは、もちろん私一人の力ではなく、チームとして関わってくださった建設会社の方々や職人さんたちのおかげです。見えないところで多くの方の丁寧で心を込めた働きがあってこそ、形になるわけです。

沿線の不動産屋さんの間では、分譲さながらのマンションという情報が一気に広がり、超お勧め物件として高く評価されました。

空室が出るとすぐに埋まってしまうので、空室待機の予約がいくつも入る状況だったこともあるそうです。

オーナー様が一番喜んでくださったのはもちろんですが、住む方々が安心して暮らせる居場所として幸せと豊かさを享受されていて、嬉しく思いました。癒しの住まいとして、多くの方の期待に応えることができ、高い評価をいただけて光栄です。

自然と人間の暮らしの融合を大切に

なお、このプロジェクトはマンション建築のみならず、地域への貢献、近隣とのコラボレーションを考えながら、次々に計画が進んで行く予定です。

今年の3月着工の2棟目のマンションの名は、「トラープランド美蒼館《びそうかん》」です。ここで暮らす人々が人生を楽しんで、美しく蒼蒼《そうそう》と草木が繁るように発展していく様子をイメージした名前を命名しました。

ちなみに1棟目の「翠命館」には「翠」(みどり)、そして2棟目には「蒼」(あお)という文字を使うなど、ネーミングにもこだわりました。

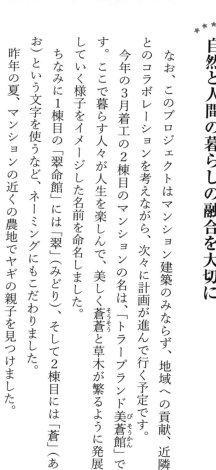

昨年の夏、マンションの近くの農地でヤギの親子を見つけました。

そのヤギを飼育している方によれば、「この夏は、雑草をたくさん食べてくれて、ずいぶんと助かった」とのことでした。

また、近くには栗林《くり》もあるのですが、秋には栗の実が実り、その場所を散歩することで季節を感じることができました。

マンションが建つ地域は、比較的都心に近い郊外ですが、オーナーさんを始め、農業をされている方たちがいらっしゃいます。オーナーさんは、できる範囲で農業を続けたいとおっしゃっていますので、そのことも考えた上で、アイデアを提案しています。

とにかく私の街づくりのコンセプトは、自然と人間の暮らしの融合です。建物の周りに配した植栽の緑が、季節ごとに景色を鮮やかに彩る美しい外観は、私のお気に入りでもあり、行き交う人々の幸せそうな笑顔を見ると心が和みます。

この街に住む人々からも、素敵な建物だと思っていただけることに、街づくりプロデューサーとして誇りを感じ、この仕事をしていて本当に良かったと思うのです。そして今は仕事が生きがいだと感じていますので、身体が続く限り一生続けたいと思っています。

第６章
「ヒーリングデザイン」で思い通りの人生を

自由を求めて、広い世界に憧れた子ども時代

私が「ヒーリングデザイン」で常に求めていたもの。それは「自由」と「豊かさ」でした。とにかく自由に生きたいという思いが、人一倍強いのです。

振り返ってみると、私が「自由」を意識するようになったのは、子どもの頃に暮らした環境が影響していることがわかります。

私が生まれ育ったところは、人々の交流が密な地域でした。都会以外は今も案外そうだと思うのですが、季節の行事やお祭りなどには住民揃《そろ》って協力し、困った時はお互いに助け合うというのが当たり前でした。

それはとても良い面だといえますが、私が子ども心に感じたのは、閉鎖的で狭い世界は居心地が悪いということでした。

時代的なものもあったのかもしれませんが、誰々ちゃんはどこの学校に行ったとか、誰々さんが出世して偉くなったとか、親戚の○○ちゃんがどうしたとか、人々の噂話が絶えなかったのです。

私はそういうことを耳にするのが嫌でした。

けれどその一方で、両親はとても自由に生きた人たちだったのです。

そのような両極端な環境で育ったことから、人間関係のしがらみや古い価値観、狭い社会の常識に左右されず、自分は自由でありたいと強く思うようになったのだと思います。

新しいことに挑戦したいという感情や、知らない世界に憧れる気持ちは、小学校の低学年の頃に芽生えました。2年生の夏休みにまる1ヵ月、親元を離れて家とは違う環境で過ごしたことがきっかけです。

私の母はお稽古ごとが好きで、華道と茶道に親しみ、たくさんの生徒さんに教えてもいたのですが、先生同士の交流があって、日本舞踊（藤間流）の先生とも縁がありました。

母に連れられてその方に会いに行った時、「みさえちゃん、日本舞踊を習ってみない？」と声をかけられたのです。

それまで踊りの世界のことなど知らなくて興味もなかったのに、この時はなぜか「やってみたい」と思ったのです。母も了解してくれて、日本舞踊の先生宅にお世話になりながら、お稽古に参加することになりました。

先生のお宅はとても大きくて、お稽古のための大広間に舞台もありました。初めて学ぶ日舞は新鮮で、とても楽しかったのを覚えています。お稽古を重ねるほど、どんどん上手になっていきました。

そして、生徒たちが成果を披露する、明治座の舞台に出られることになったのです。それは習っている人全員が出られるわけでなく、先生から選ばれた人だけが出られるものでした。

明治座に出られたことは、当時の私にはとても誇らしく、華やかな世界への憧れを大きく膨らませるには十分でした。スポットライトを浴びて人前で踊ることが楽しくて、とてもワクワクしたことを覚えています。

そして、この体験を機に、華やかで楽しい世界に行きたいと憧れを抱くようになったのです。

勉強以外は自由に過ごさせてくれた母

今思えば、私の家はかなり特殊な家庭環境でした。

父親は仕事で忙しく、ほとんど家にいませんでしたし、母親はお茶やお花を習ったり教えたりしていて、やはり多忙でした。母も忙しかったことから、子どもの世話はあまりできず、住み込みのお手伝いさんか家庭教師が私と弟たちの面倒をみてくれていたのです。

一般的ではない家庭環境で育っているから、物の考え方や価値観が友達と合わないんだ、自分は変わっているんだ、などと、その時はなんとなく思っていました。

また、私は母に言われるままに、小学生の時からお茶とお花を習いましたが、実は決められたルールに従うことが苦手でした。

お花の場合なら、ここに主となる枝を挿したら、この角度で別の枝を挿し、次はこの長さで、次はここに添える、というように、細かいルールがあり、その通りに生けるわけですが、私はそういうことが窮屈に感じ、嫌だったのです。

実家の庭には、あらゆる植物が自由に枝を伸ばし、季節ごとにカラフルな花を咲かせていました。その方が、花屋から届く花たちよりも、ずっと自由でイキイキしていると感じました。

それで私は、庭の花や枝を剪定《せんてい》バサミで勝手に切って、思いつきで花器に生けていました。そういうことが楽しいし、好きだったのです。

大事な枝を大胆に切ってしまっても、不思議と母には叱られませんでした。芸術的なことが好きな人でしたから、私の感性を伸ばそうとして、寛容だったのだと思います。

母が唯一、厳しかったのは、勉強に関してでした。しっかり勉強してそれなりの成績を収めないと、すごく叱られました。あまりに勉強のことを言われるので、自分の中の感情を吐き出し、整理するために、頻繁にノートを書くようになったように記憶しています。

あの頃の自分が一生懸命に取り組んだことが元になって、本当の自分と対話するという「ヒーリングデザイン」が生まれてきたわけで、人生って面白いなぁと思います。

しがらみが多いところで育った私が、こんなに自由に生きられるようになったのは、とことん自問自答してきたからです。自分の本当の気持ちを常に大事にして、行動し続けたからであって、そうでなければ今の自由な私はいなかったでしょう。

私がこれまで「ヒーリングデザイン」してきたもの

人はそれぞれの環境で育ち、様々な体験や多くの人との出会いによって、一人ひとりの人生が創られていくものだと思います。

今日の自分を大切にしながら、自分は何者なのか、今、何をしたいのか、心の声を聞いて、今一番自分のしたいこと、安心することをやってみる。この繰り返しで、自然に自分の進む道が見えてくるのかもしれません。

私にとって、「自由で豊かな生活」を送るための基盤となるのは仕事ですが、人生で大切なのは仕事だけではありません。やはり衣食住を軸にした健康面、生活面の充実は、とても大事なものです。

そこで、これまで私が「ヒーリングデザイン」してきた具体的なものを、質問の例と共にご紹介したいと思います。

ここでは、第3章で詳しくお伝えした「仕事」以外の項目を挙げてみます。

1 住まい

・どんな地域で暮らしたいの?
・どんな部屋が、自分にとって居心地がいいの?
・部屋にはどんなものを置きたいの?

2 散歩

・今日の散歩はどこに行こうかな
・何時頃、出かけようかな

3 身体

・自分がなりたい理想の身体(ボディ)ってどんなものだろう
・体力をつけるにはどうしたらいいだろう

4 食事

・今、本当に食べたいものってなんだろう?
・私にとっておいしい食べ物って何?
・旬のもので自分が本当に食べたいものは何?

5―ファッション

・自分に合うファッションはどんなもの?
・今日着たいのは、どんな服?

6―旅

・どこに行きたいの?
・何をしたいの?

7―人間関係

・その人とは、どんな関係でいたいの?
・その人のどこが好き?

8―パートナー

・私と合う人はどんな人?
・どんな関係を創りたいの?

私は、これらのことを紙に書いて(描いて)、自分の本当の答えを導き出し、行動してきました。

他にも、お金のこと、家族のこと……。様々なことがあります。

これらの項目は、互いに影響し合っています。最終的には偏ることなく、バランスよく実践していくのが望ましいと思いますが、自分にとって今一番大切なことからデザインしていくといいでしょう。

また、自分の心に聞いてデザインした夢や希望は人生の目標になります。

その目標に向かって行動しましょう。

そして一つ達成したら「自分はできる」と自分のことを認めましょう。自分を信じることの繰り返しが自信につながるので、とても大事なのです。

達成するごとに、自分が本来持っている力が引き出され、それが積み重なって目標自体も大きくなっていきます。

「ヒーリングデザイン」を実践していく中で、前とは違う答えが出ることもあります。でもそれは、自分の可能性が広がったということであり、成長して物事の見え方が変わってきているからかもしれません。

自分の進む道から外れそうになると、不安を感じたり、実際に物事がうまく運ばなくなったり、体調を崩したり、様々なサインが起こります。

けれど本来の自分が進むべき方向に向かっているときは、物事が順調に進み、周囲からもサポートを得ることができて、楽に豊かになっていくことができるのです。

そして私自身、次々と目標を達成してきた道程を振り返ってみると、それぞれの目標が、今の人生とつながっていたことがわかります。

一つひとつの目標には、一見、関係がないように見えても、後から見ると、しっかりつながっているように思います。

自問自答を続ければ、本当の答えにたどり着く

私は自分に答えを聞くことを、幼い頃からずっと続けてきました。

そうすることで、自分自身のことが客観的に理解できるようになり、自信が持てるようになったことは確かです。

また、建築の仕事において、様々な資材や設備を決めるのに、周りが驚くほどスピーディに選んでいくというお話をしました。

それができるのは、長年の建築家としての経験が、知恵やエッセンスとして自分の中に蓄積しているからです。

けれど長く続けることが「ヒーリングデザイン」の目的ではありません。

今の自分の本心を知って、その都度対応することが大切なのです。

また、すべてのことで瞬時に答えを出せるわけではなくて、場合によっては、決めるまでに長い時間を要することもあります。

自分にとって重要なことは特にそういう傾向があって、

「この仕事を自分が本当にしたいのか」

「この人とずっと長くつきあっていきたいのか」

などと、繰り返し自問していたりするのです。

自分の本音にたどり着くのに、何日も何週間もかかり、なかなか答えが出なくて半年かかったこともあります。

世の中の常識的なことや他の人の意見というのは、ちょっとだけ頭の隅に置いといて、と思っていますので、余計な情報が入ってきたら、聞き流すかいったん考えるのをやめてしまいます。

とことん突き詰めていくと、「やっぱりこうだ」と1つの考えが浮上してきます。本当の自分自身から湧き上がってきて、不思議とピタッとくる答えにたどり着くのです。そうやって私はいつも、様々な問題から逃げずに向き合い、自力で乗り越えてきました。

自分のことは自分が一番わかっていて、すべての答えを持っています。「この答えが正しい」というのは、あくまでも自分自身の中の反応です。いわゆる腑に落ちる感覚であって、他人にはわからないもの。それでいいのです。

自分の真の答えがわかれば、その時々の選択が早くなり、あらゆることに迷いがなくなります。これまで人生が大変だった方は、もっと楽に生きられるようになるでしょう。

繰り返し実践することで、あらゆることに「ヒーリングデザイン」を使いこなせるようになります。これを読んでくださっている皆さんは、ぜひそうなってほしいと思います。

「人間関係」「健康」「お金」を考える

最後に、今の私が日頃「ヒーリングデザイン」を実践する中で、実際に行っていること、また日頃考えていることをお話しします。

今、多くの人の関心事は「お金」「健康」「人間関係」だといわれています。けれど私には、この3つはつながっているように見えます。

例えば、私のケースで考えてみますと、まず仕事はチームで行うものなので「人間関係」が大事です。そして仕事をきちんと行うためには「健康」でなければなりません。さらに仕事が成功すると「お金」が入ってきます。つながっているからこそ、それぞれのことに対して自分自身の考えを持つことが、とても大事だと考えています。

1　人間関係について

まず、「人間関係」については、ちょっとしたことが信頼につながると思っています。それは相手を気にかけるということです。

シンプルですが、私には常に心がけていることがあります。それは挨拶です。私はいつも、相手の目を見て笑顔で挨拶をしています。

相手にその一瞬、想いを寄せることが挨拶だと思っていますので、どんな人とも良い関係を築く上で、爽《さわ》やかに挨拶をすることは基本だと思います。

それは職場に限らず、ご近所やプライベートの場でも、初めて訪れる旅先などでも意識しています。挨拶は、これまで私がずっと続けている、マイルールといえるものなのです。

もちろん挨拶しても返してもらえることもあれば、返してもらえないこともあります。でもそれは、相手も突然挨拶されて戸惑っているのかもしれませんので気にしません。何度も挨拶していると、返してくれる人が増えていくので、嬉しい気持ちになります。

同様に、お礼の言葉も心がけていることの一つです。

人は、自分に関心を持ってくれる人に好意を持つものですし、信頼したいと思うものです。

もちろん、すべてがそれだけで解決するわけではありません。どんなに誠意を尽くしても、うまくいかないことはあります。それは相性が良くないとか、相手の深い事情によるものかもしれません。

そんな時こそ、自分の心に尋ねてみましょう。

「この人のことを、本当はどう思っているの？」

「どのように接したらいいと思う？」

私は、こう問いかけてきました。

もちろん人によって、状況によって質問は変わってきます。

けれど自分が考えていることを導き出して、実際に行動することが状況を変える一歩になります。

2　健康について

ひとことで「健康」と言っても、それは身体だけでなく心の安定も重要で、心と身体両方のケアが大切です。

また「健康」を保つために、具体的に何をするかということも、年齢や環境などで違ってくるかもしれません。

私は、健康のためという理由からではなく、大好きな仕事をできるだけ長く続けるために、数年前から筋トレをしています。結果的には健康のためになっているのですが、定期的にスポーツクラブに通っているのです。

もともと運動は得意ではなく、忙しいことを理由に身体のケアを怠ってきてしまい、体力が低下していることを自覚するようになって、これはまずいと思って筋トレを始めたのです。

これまでスポーツをやってきたわけではないので、いきなり運動をしようとしても身体は楽に動かないだろうし、怪我《けが》や故障が心配です。やはり専門家の指導を受けて取り組む方が安心だろうということで、最初からパーソナルトレーナーによる個人レッスンを受けることにしました。

現状をチェックした上で、どこをどのように動かしていけばいいか、どうやって身体の能力や筋力をアップしていくか、トレーニングプランを立ててもらえるのはありがたいことです。

トレーナーが別の人に変わっても、そのプランに沿って行えばいいのです。

マンツーマンの指導では、トレーナーが真剣に向き合ってくれているのに、こちらがいい加減にはできません。

しんどくて「もう限界」と思っても、「まだ行けますよ。がんばって」とひとこと声をかけられると、がんばれてしまうもので、がんばりやの私には合っているようです。

ちなみに自分が感じる「限界」は、自分自身の「意識」が作っていると言われているのですが、トレーナーは、その人の意識が作る「限界」を突破させて、その人の潜在能力を引き出すのが上手なのだと思います。

このような話をすると、私が筋肉質な体形だと思われるかもしれませんが、実は、数年経った今でも一般的なイメージからはほど遠いというのが現実で、まだまだスタート地点に着いたばかりといった状況です。

ただ私の場合、スポーツクラブで筋トレを続けているおかげで、自分の身体に対する信頼が増し、仕事での粘り強さや絶対に諦めない心を維持することができているので、成果はあると考えているのです。

スポーツクラブには、コロナのパンデミックが起こる前から通っていたので、社会が一変し、人と会わない状況が続く中でも、営業している限り通っていました。直接、人と交流できる場があって良かったと心から思いました。

ただ筋トレは、今現在の自分にとって必要と思って続けているもので、筋トレを始める前は散歩が一番の健康法でした。もちろん今も散歩は続けていますが、前ほど多くはありません。

筋トレの個人レッスンがこのまま続くのか、あるいは違う何かを始めるのか、この先の自分だけが知っていることだと思っています。

3　お金について

個人レッスンで筋トレをしていることを人に話すと、

「私にはお金がないから無理」

「お金と時間がなければ受けるのは難しい」

などと言われることがよくあります。

スポーツ施設などによって、多少の料金に差はありますが、お金がかかるのは確かだと思います。

また私は、土日や祝日に関係なく、仕事と仕事の間にできた時間を利用して、フラッと旅に出かけます。

行く場所は特に決めずに、近くても遠くても、行きたいところに出かけます。それは日帰りのこともあれば、宿泊することもあります。

実は、このことについても同様のことを言われます。お金を何にどう使うのかは人それぞれで、正解はないように思います。

例えば、子どもを持つ人であれば子どものために使い、自分自身が勉強をし直すために、学校に行くための資金に使う人もいます。また車や家の購入、ファッションや飲食にお金をかける人もいます。

大事なことは、自分が何にお金を使いたいのか、後悔しないで使うことができるかということだと思います。

もちろんお金がなくてはできないことはたくさんあります。逆に、なくてもできることはたくさんあります。

私自身、子どもの時はお金に不自由しない家庭に育ち、その後、大学時代に親の会社が倒産したことで、自分自身の力で卒業しなければならない状況になりました。

けれど今は、自分が稼いだお金で自由に生きられるようになり、使うことができる範囲の中で、やりたいことがやれるようになりました。本当にありがたいことだと思っています。

お金のことをどう考えるのか、何に使うのか、あるいは使わないのか、それは自分自身がよく考えて決めることではないでしょうか。

自由と豊かさを大切にする人生のあり方

また、仕事とお金に関して言えば、仕事というものは、単にお金を得ることだけが目的ではなく、自分の能力や資質を活かして、社会貢献することに意味があると私は思います。

自分のしたことで誰かが喜んでくれたら、シンプルに嬉しいものです。

どんな仕事であっても、その労力が必ず誰かの役に立っているわけで、自分が社会に必要とされていること、価値のある人間だということを実感させてくれると思うのです。

会社は自分の分身のようなものです。私は自分の会社をもっと大きくしたいとか、たくさんお金を稼ぎたいという欲はありません。

会社である以上、売り上げは重要ですが、私は自分らしくあるために独立したので、自由でいることの方が大事なのです。

自分のペースで自由に仕事ができるようになると、人生はもっと楽しくなります。物理的なお金と豊かさとはあまり関係なくて、私は今の状態で、とても自由で豊かだと実感しています。

ただし、このようなことが言えるのは、信頼できる経理担当者が会社にいてくれるからです。彼は、大手の金融機関で海外勤務の経験もあることから、お金の知識には大変詳しく、私はとても信頼しています。

お金のことを細かく考えるのが苦手で、好きなことをしていたい私にとって、そのようなパートナーは必要不可欠です。

私にとって仕事とお金、健康、人間関係は、このようにつながっています。
それらのバランスが取れていることで、自由と豊かさが感じられるのです。

あとがき

私は昔から、楽しいこと、嬉しいこと、発見したこと、素晴らしい体験があると、すぐに周りの人たちに、

「ねぇ、ねぇ、こんなことがあってね……。あなたもやってみない？」

などと言って勧めていました。

自分が感じた嬉しさや発見を周りの人にも伝えて、共に体験したかったのだと思います。

そして30年以上、ずっと伝えたいという気持ちが変わらないのが、この「ヒーリングデザイン」でした。

「こうするとうまくいくから、一緒にやりましょうよ」

「なんでも自分で創り出して、自分らしさを増やそうよ」

とにかくいいことがあると黙っていられない性格なのです。


今の時代は、先が読めずに不安になる人が多いといわれています。

だからこそ、自分自身を信じることが大切なのだと思います。

なぜなら私は、「ヒーリングデザイン」があったおかげで自分自身を信じることができて、私の人生がこんなに自由で豊かになれたのだと、改めて感じることができるからです。


例えばあなたは、ふと過去のことを思い出して、「ああすれば良かった。こうすれば良かった」と悔やむことはありませんか？

あるいは、まだ起きていない未来に対して、

「もし病気になったらどうしよう」

「老後のお金は十分だろうか」

などと、漠然と不安を抱いてしまうというように……。

未来のことを考えて悲観的な気持ちになってしまう人は、とても多いと思いますが、よく考えてみてください。

すでにあなたはわかっているはずです。

大切なのは「今を生きる」ことだということを。

未来は今の積み重ねですから、今の選択にかかっています。自分の思考や意識を変えられるのは「自分」、そして「今」しかありません。


意識的に、今この瞬間に焦点を合わせてみてください
そうすることで、自分を取り巻く周囲の人々、動物や植物、生きとし生けるものが皆、愛おしく大切に見えてくるものです。否定的に捉えていた現実に、明るい部分があることに気づけるでしょう。

暮らしの中の潤いや、日常の小さな幸せ、生きている喜びを見出すことができたなら、喜怒哀楽を感じる心のしなやかさが戻ってきます。

そのように物事をポジティブに捉えるには、安心に囲まれて自己肯定できていることが不可欠です。

なりたい自分になるために、自分で自分を安心させながら望み通りの人生を歩むために、「ヒーリングデザイン」をぜひ活かしてください。

ほしいものや望む現実は、人それぞれに違って当然です。

誰かと比べる必要はありません。

あなたが「なりたい自分になる」と決めれば、本当の自分が満足できる生き方を「ヒーリングデザイン」で実現していくことができるのです。

また、この「ヒーリングデザイン」という方法が、老若男女すべての方たちに広がり、それぞれが自分自身の幸せを感じながら、自由で豊かに生きられるようになることが、私の心からの願いです。


そして、私自身が自由で豊かな人生を送ることができているのは、私に関わってくださったすべての方たちのおかげです。この場を借りて、心からの感謝をお伝えしたいと思います。

また、この本に関わってくださった出版社を始めとしたスタッフの皆さまのおかげで、この本が出来上がったと思っております。深く感謝しております。

ありがとうございました。

最後に、この本を手にしてくださったお礼とともに、読者であるあなたの人生が、今よりずっと輝きますように。

相邑美佐江

参考文献

『相《あい》邑《む》美《み》佐《さ》江《え》のヒーリングデザイン　衣食住をデザインする』文芸社　2003年刊

相邑美佐江（あいむ みさえ）

街づくりプロデューサー・建築家。
武蔵工業大学（現・東京都市大学）工学部建築学科卒業。
1991 年、ナウミスペース（株）を設立。
「人が安心して暮らす空間」としての街づくりを目指し、
マンションなどの建物と共に周辺環境をプロデュース。
他に高齢者施設などの建築の仕事、さらにビジネスや起業に関する
コンサルタント業務も行っている。
また、自らの体験から生まれた、自分らしく生きるためのメソッド
「ヒーリングデザイン」に関する講演なども行い、
幅広く活動している。
著書には『相邑《あいむ》美佐江《みさえ》のヒーリングデザイン
衣食住をデザインする』（文芸社 /2003 年刊）がある。
ホームページ　https://www.nowme.co.jp
インスタグラム　im_misae

なりたい自分になる！
「ヒーリングデザイン」で、夢をかなえて幸せに生きる

2024年2月3日　第一版　第一刷

著　　　　者　相邑 美佐江

発　行　人　西 宏祐
発　行　所　株式会社ビオ・マガジン
〒141-0031　東京都品川区西五反田8-11-21
五反田TRビル1F
TEL:03-5436-9204　FAX:03-5436-9209
https://www.biomagazine.jp/

編　　　集　島口 典子
編 集 協 力　中野 洋子
校　　　正　株式会社ぷれす
デザイン・DTP　前原 美奈子
カバー・帯写真　望月 みちか
印 刷 ・ 製 本　株式会社シナノパブリッシングプレス

ISBN978-4-86588-135-6 C0095